# 民事第一審訴訟における
# 判決書に関する研究

### 〜現在に至るまでの整理と更なる創意工夫に向けて〜

令和2年度司法研究

研究員

| | | | |
|---|---|---|---|
| 東京高等裁判所判事 | 村上 | 正 | 敏 |
| 東京地方裁判所判事 | 伊藤 | 正 | 晴 |
| 大阪地方裁判所判事 | 中尾 | | 彰 |
| 同 | 小河 | 好 | 美 |
| 横浜地方裁判所判事 | 西尾 | 洋 | 介 |

（委嘱時　福岡高等裁判所判事）

| | | | |
|---|---|---|---|
| 最高裁判所裁判所調査官 | 髙橋 | 祐 | 喜 |

（委嘱時　東京地方裁判所判事）

# ま　え　が　き

　この資料は、司法研究報告書第71輯第1号として、司法研修所から刊行されたものです。

　実務に携わる各位の好個の参考資料と思われるので、当局のお許しを得て頒布することといたしました。

　　令和4年10月

　　　　　　　一般財団法人　法　　曹　　会

# は し が き

判決書[1]については、平成2年に新様式判決の共同提言[2]が公表されて以降、それまでの在来様式判決に代わって新様式判決が急速に普及するとともに、判決書の在り方についての議論が非常に活発に行われる状況がしばらく続いた。しかし、平成4年に大阪報告[3]が、平成6年に東京報告[4]が公表された後は、まとまった検討結果は公表されていない。また、共同提言後、既に約30年が経過して、在来様式判決から新様式判決への転換を実体験していない裁判官が多数を占めるに至っている。このような状況を踏まえると、共同提言や大阪報告及び東京報告並びにその後の議論を踏まえて、判決書の在り方について再度検討することが必要な時期に来ていると考えられる。

判決書は、審理結果の報告書であり、審理の在り方とは切り離すことができない。現行民事訴訟法は、争点及び証拠の整理手続によって中心的争点を浮かび上がらせ、これに焦点を当てて証拠調べをし、これによって得られた心証をもとに判決書を作成するという争点中心主義の審理判決を目指すもの

---

1　本報告書の作成時点（令和4年4月）では、第208回通常国会において、民事訴訟法等の一部を改正する法律案が審議されており、これによれば、裁判所は「判決書」に代わる電磁的記録である「電子判決書」を作成することとされている。

2　最高裁判所事務総局民事局編『民事判決書の新しい様式について——東京高等・地方裁判所民事判決書改善委員会、大阪高等・地方裁判所民事判決書改善委員会の共同提言』（法曹会、1990）」

3　大阪高・地裁民事判決書改善委員会「新様式の判決書の見直しの結果について」最高裁判所事務総局「民事訴訟の審理の充実促進に関する執務資料」（民事裁判資料201号）296（1）頁（1992）

4　東京高等・地方裁判所民事判決書改善委員会「新様式による民事判決書の在り方について」最高裁判所事務総局「民事訴訟の運営改善関係資料(2)」（民事裁判資料208号）396（1）頁（1994）。なお、東京報告は、近時、最高裁判所事務総局民事局監修『新様式による民事判決書の在り方について（平成6年3月）－東京高等・地方裁判所民事判決書改善委員会－』（法曹会、2020）として公刊されている。

であり、新様式判決は、こうした争点中心主義の審理の結果を報告するための判決書にふさわしい様式として考案されたものである。したがって、争点及び証拠の整理手続や証拠調べと判決書との間には切り離すことのできない関係があり、質の高い新様式判決を作成するためには、充実した争点及び証拠の整理を行った上、核心に迫った証拠調べをすることが不可欠であることを十分に理解しておく必要がある。

　本研究は、このような問題意識の下、新様式判決が提唱されるに至った経緯や新様式判決の基本となる発想を再確認した上、主に単独事件を念頭に置いて、各記載事項の意義や位置付け、説示の在り方等についての議論を整理し、新様式判決の在るべき姿を検討するとともに、質の高い判決書を作成するために必要な審理の在り方についても検討を加えたものである。

　本研究が、判決書の在り方のみならず、争点及び証拠の整理手続や証拠調べの在り方についての議論を深め、一層の改善を深めていくための契機となることを期待したい。また、判決書が審理結果の報告書である以上、審理の在り方や事案の内容に応じて、望ましい判決書の姿も当然に異なったものとなるのであって、判決書の在り方については、今後も常に改善・工夫を続けていく必要があることを忘れてはならないであろう。

　なお、末尾に添付した参考判決書の各事例は、いずれも架空のものである。単なる記載例として示すものにすぎず、それ以上のものではないことに留意されたい。

　本研究に当たっては、各種文献や収集した判決書の分析に加え、相当数の裁判官及び弁護士からヒアリングを行った（本文中の「ヒアリング」は、このヒアリングのことである。）ところ、御多忙中であったにもかかわらず、貴重な御経験等を御披露いただき、また、有意義なアドバイスを多数いただいた。深く御礼を申し上げる次第である。また、司法研修所、最高裁判所事務総局民事局、各研究員所属の裁判所には、様々な御援助と御配慮をいただいた。ここに改めて深甚の謝意を表したい。

# 凡　　例

1　法令等の略記

　　法令等の略記は次の例による。

　　**民訴法**　　　　民事訴訟法（平成 8 年法律第109号）

　　**旧民訴法**　　　民事訴訟法（平成 8 年法律第109号）附則 2 条による
　　　　　　　　　　改正前の民事訴訟法（明治23年法律第29号）

　　**改正民訴法案**　令和 4 年 1 月召集の第208回通常国会に提出された民
　　　　　　　　　　事訴訟法等の一部を改正する法律案

　　**民訴規則**　　　民事訴訟規則（平成 8 年最高裁判所規則第 5 号）

　　**参考判決書**　　本報告書末尾の参考判決書集の判決書

2　文献の略記

　　関係する文献は枚挙にいとまがないが、本報告書の主要な読者として想
　定される法律実務家にとって、特に参考になるものを若干取り上げた。こ
　のほか、本文で引用のものも参照されたい。

　　**共同提言**　　　最高裁判所事務総局民事局編『民事判決書の新しい様
　　　　　　　　　　式について──東京高等・地方裁判所民事判決書改善
　　　　　　　　　　委員会、大阪高等・地方裁判所民事判決書改善委員会
　　　　　　　　　　の共同提言』（法曹会、1990）

　　**大阪報告**　　　大阪高・地裁民事判決書改善委員会「新様式の判決書
　　　　　　　　　　の見直しの結果について」最高裁判所事務総局「民事
　　　　　　　　　　訴訟の審理の充実促進に関する執務資料」（民事裁判
　　　　　　　　　　資料201号）296（ 1 ）頁（1992）

　　**東京報告**　　　東京高等・地方裁判所民事判決書改善委員会「新様式
　　　　　　　　　　による民事判決書の在り方について」最高裁判所事務
　　　　　　　　　　総局「民事訴訟の運営改善関係資料(2)」（民事裁判資

料208号）396（1）頁（1994）

**起案の手引**　司法研修所編『10訂民事判決起案の手引（補訂版）』（法曹会、2020）

**司研「事実認定」**　司法研修所編『民事訴訟における事実認定』司法研究報告書第59輯第1号（法曹会、2007）

**司研「事例で考える」**

　　　　　　司法研修所編『事例で考える民事事実認定』（法曹会、2014）

**一問一答**　　法務省民事局参事官室編『一問一答　新民事訴訟法』（商事法務研究会、1996）

**コンメンタールⅤ**　秋山幹男ほか編『コンメンタール民事訴訟法Ⅴ』（日本評論社、2012）

**吉川「判決書」**　吉川愼一「判決書」塚原朋一ほか編『新民事訴訟法の理論と実務（下）』111頁（ぎょうせい、1997）

**江見「判決書」**　江見弘武「判決①－判決書」三宅省三ほか編集代表『新民事訴訟法大系　第3巻』241頁（青林書院、1997）

**宮﨑「判決書」**　宮﨑公男「判決書」竹下守夫編集代表『講座　新民事訴訟法Ⅱ』343頁（弘文堂、1999）

**東京プラ「在り方」**

　　　　　　東京地方裁判所プラクティス委員会第一小委員会「効果的で無駄のない審理を経た事件での新様式判決の在り方」判タ1340号61頁（2011）

**矢尾ほか「現状と在るべき姿」**

　　　　　　矢尾渉ほか「判決の現状と今後の在るべき姿について」判タ1415号45頁（2015）

**家原「一考察」**　家原尚秀「民事判決書の在り方についての一考察」東京大学法科大学院ローレビュー10号63頁（2015）

# 目　　　次

# 第1章　判決書をめぐる議論の経緯

第1　はじめに

　　本章では、本研究の冒頭に当たり、判決書作成の目的や機能のほか、判決書の記載内容に関する法令の定めを確認するとともに、現在広く普及している新様式判決に至るまでの我が国における判決書の様式の変遷を振り返った上で、新様式判決の意義について言及する。

第2　判決書作成の目的及び機能

　1　判決書の作成には、次のような目的や機能があるとされている[1]。

　　(1)　訴訟当事者に対して、判決の内容（当事者の請求、主張及び立証を明らかにするとともに、裁判所がどのような証拠からどのような事実を認定し、当該認定事実を踏まえてどのような法律を適用し、どのような結論を導いたかを明らかにする。）を知らせるとともに、これに対し上訴するかどうかを考慮する機会を与えること

　　(2)　上級審に対して、その再審査のため、いかなる事実に基づき、いかなる理由の下に、判決をしたのかを明らかにすること

　　(3)　国民に対して、具体的な事件を通じ法の内容を明らかにするとともに、裁判所の判断及び判断の過程を示すことによって裁判の公正を保障すること

　　(4)　判決をする裁判官自身に対して、自己の考え、判断を客観視することを可能にすること

　　(5)　判決が確定した後に生ずるその効力、特にその既判力・執行力・形成力の範囲（誰と誰との間で、どのような請求について、どの範囲で、どのような内容の効力が生ずるかなど）を判決自体において明確にす

---

1　起案の手引1頁等参照

ること

2　上記の目的や機能のうち、(5)は判決書そのものの機能や役割であると
いえ、判決書作成の目的としては、上記(1)から(4)までを挙げるのが現在
では一般的である。

3　これら判決書作成の目的のうち、平成2年1月の共同提言（後記第4
の3(2)参照）より前までは事実摘示に関連して上記(4)の重要性を説くも
のが多かったとの指摘もある[2]。しかし、現在では、最も重要なものが上
記(1)とされる点にほぼ異論はないと考えられる。そして、判決書が訴訟
当事者のためのものであるとする以上、分かりやすいことは必要不可欠
である。したがって、分かりやすさを意識し、主要な争点を的確に捉え、
具体的な事実関係や法律の適用が明らかとなるよう、主張と証拠を摘示
しつつ丁寧に記載する必要がある。

　もっとも、判決書作成の目的として、上記(2)及び(3)があることも忘れ
てはならない。したがって、判決書作成に当たっては、これらも踏まえ、
法令やその解釈等を十分に確認・把握・検討した上で、記載内容や表現
ぶりについて吟味する必要がある。


第3　判決書の記載内容に関する法令の定め

1　判決書は、以上のような目的や機能を有するものであるが、そのよう
な判決書の記載内容に関する法令の定めについて確認する。

2　民訴法は、判決書の記載内容に関する条文として、253条[3]の一条を置
くのみである。

　まず、同条1項は、①主文（1号）、②事実（2号）、③理由（3号）、

---

2　家原「一考察」65頁参照
3　改正民訴法案では、252条となっている。

④口頭弁論の終結の日（4号）[4]、⑤当事者及び法定代理人（5号）並びに⑥裁判所（6号）を、判決書の必要的記載事項として定めている。すなわち、どの裁判所が（6号）、誰を当事者として（5号）、いつを基準として（4号）、どのような争訟につき、いかなる争点の下に、いかなる事実関係を小前提とし、いかなる法令又は経験則を大前提とした上で、事実上及び法律上の判断をし（2、3号）、当該事件に対し、どのような結論に至ったか（1号）を明確にするよう要請しているのである。

また、同条2項は、上記②事実の記載に関し、「請求を明らかにし、かつ、主文が正当であることを示すのに必要な主張を摘示しなければならない。」と定めている。旧民訴法191条は、「事実及争点」の記載を判決書の必要的記載事項とし（1項2号）、「事実及争点ノ記載ハ口頭弁論ニ於ケル当事者ノ陳述ニ基キ要領ヲ摘示シテ之ヲ為スコトヲ要ス但シ証拠ニ関スル事項ニ付テハ訴訟記録中ノ調書ノ記載ヲ引用スルコトヲ得」と定めていた（2項）[5]が、これを改めたものである。

3　民訴規則も、判決書の記載内容に関する条文として、157条の一条を置くのみであり、同条は、判決書には判決をした裁判官が署名押印しなければならないこと、合議体の裁判官が判決書に署名押印することに支障があるときは、他の裁判官が判決書にその事由を付記して署名押印しなければならないことを定めている。

4　上記判決書の必要的記載事項については、第3章以下でその意義や記載方法等につき検討を行うが、このように、民訴法及び民訴規則は、判決書の記載内容に関し、極めて限られた条文を置くのみである。このこ

---

4　旧民訴法では、判決書の必要的記載事項とされていなかったが、判決が確定した場合に既判力の基準時となる重要な事項なので、民訴法では判決書の必要的記載事項とされた（一問一答290頁）。

5　ただし書の部分は、昭和57年法律第83号による旧民訴法改正によって追加されたものであり、それまでは、弁論主義の観点及び旧民訴法191条2項の解釈上、当事者双方の申し出た証拠方法等を事実欄に記載しなければならないという解釈が一般的であった。後掲の在来様式判決の構成例は、この旧民訴法時代の解釈を前提とするものである。

とは、判決書作成の目的や機能（前記第2）を踏まえた上で、法令が定める判決書の必要的記載事項を漏れなく適切に記載することを当然の前提としつつも、判決書を作成する裁判官に対し、一定の決まった様式に従った判決書の作成を要求するのではなく、事案の内容・性質や、審理の内容・過程等を踏まえた判決書の作成を可能とするものといえよう。したがって、裁判官は、判決書の作成に当たり、従来の様式や記載方法のみにとらわれることなく、事案の内容等のほか、審理の内容や過程、さらには、審理の在り方の変化等に応じ、様々な創意工夫を続け、その成果を判決書に反映することが必要である。

第4　判決書の様式の変遷

　　ここでは、我が国における民事判決書の様式の変遷を概観し、現在主流となっている新様式判決の提唱・普及に至るまでの経緯やそれらの背景及び基本的な考え方を確認する。

1　在来様式判決以前の判決書について

　　在来様式判決（後記2(2)参照）が登場するよりも前の判決書の様式[6]は、当事者別に当事者の提出した訴訟資料をまとめる形での判決書様式、より具体的には、次に掲記した明治時代の裁判例[7]（ただし、原文は縦書きであり、読みやすさの観点から読点を付した。）のように、判決書の表題、当事者欄、前文及び判決裁判所の表示を除く判決全体を「主文」、「事実」及び「理由」の3つのパートに分け、「事実」部分については、更に原告欄・

---

6　　この頃の判決書を網羅的に取りまとめた代表的な資料として、昭和16年に編集された司法研究所「民事判決書集」参照。また、民事判決及び判決書の基本的構造や法規上の根拠を明らかにする理論的な参考書と位置付けられる資料として、上記「民事判決書集」の付録に収録された「判決書に就て」参照。

7　　明治期における民事判決書の様式については、藤原弘道「新様式判決と事実摘示－当事者の主張する事実を判決書に記載することがどうしても必要か－」木川統一郎博士古稀祝賀『民事裁判の充実と促進』上巻743頁以下（判例タイムズ社、 1994）参照。掲記の裁判例は、この論考に掲載のものである。

被告欄で二分し、各々に、①請求と請求に対する答弁、②当事者の主張とそれらに対する答弁、及び、③当事者が提出した全ての証拠方法とそれに対する認否を、文語体・片仮名書きで句読点のない長文により記載し、それを踏まえ、「理由」部分については、争いのない事実はその旨を、争いのある事実はどのような証拠によってどのような事実を確定したかを明らかにし、確定した事実に対し、いかなる法律を適用したかを明らかにするという形式[8]が主流であった。近代的司法制度が確立された明治期以来数十年にわたり、これが民事判決書の型として、一種の慣行とされており、また、このような文語体判決は、簡潔ながら読み難かったとも評されている[9]。

---

判決原本

（当事者等の表示　略）

　右当事者間ノ明治●●年ワ○○○号保証連署請求事件ニ付、当地方裁判所ハ判決スルコト如左

主　　文

　原告ノ請求ヲ棄却ス

　訴訟費用ハ原告ノ負担トス

事　　実

　一定ノ申立テトシテ、原告代理人ハ、被告ハ原告ノ請求ニ應シ甲第一号証甲野太郎ヨリ原告宛金二百五十円借用証書ニ保証人トシテ連署スヘシ、訴訟費用ハ被告ノ負担トス、トノ判決ヲ求メ、其事実ハ、原告ハ明治▲▲年●月●日、親族甲野太郎ヘ金二百五十円ヲ同年□月□日返弁ノ約定ニテ貸與致シ有之、被告ハ右太郎トハ骨肉ノ間柄ナルニヨリ、該借用書ニ保証人トシテ連署スヘキ事ヲ承諾シナカラ、未タ実行

---

8　前掲注6の司法研究所「民事判決書集」のほか、村松俊夫「判決書」民事訴訟法学会編『民事訴訟法講座第三巻』735頁（有斐閣、1955）、倉田卓次「求めた裁判か求める裁判か－『民事判決起案の手びき』へのささやかな注文」判タ402号7頁以下（1980）参照。

9　倉田・前掲注8の7頁

ヲ為ササルニヨリ、本訴ニ於テ請求スル次第ナリト云ヒ、甲第一、二号証ヲ提出シ、証人乙野次郎ノ証言ヲ援用セリ

被告代理人ハ、主文記載ノ如キ判決ヲ乞ウト述ヘ、其抗辨ノ要旨ハ、被告ハ原告主張ノ如ク甲第一号証ノ借用証書ニ保証連署ヲ為スヘキヲ承諾シタルコトナシ、ト云フニ在リ

理　　由

甲第二号証自躰ニ於テハ、被告カ果シテ甲第一号証ノ借用証書ニ保証人トシテ連署スヘキコトヲ承諾シタルヤノ事実ヲ認メ難キ而已ナラス、証人乙野次郎ノ証言ニ依ルモ、甲第二号証ハ甲第一号証ニ牽連シテ被告ヨリ証人ノ許ヘ差出シタルモノナルコトヲ認メ難ク、却ッテ同証人ニ在リテハ、訴外人甲野太郎ノ依頼ニヨリ、甲第一号証ノ借用金ヲ年賦崩済トセラレタキ旨原告ヘ懸合ヒタルコトアルモ、被告トハ未タ曽テ面識ナキモノナレハ、甲第二号証カ証人方ヘ到達シタルハ不思議ニ思フ次第ナリト証言セルヲ以テ看レハ、全然原告主張ノ事実ハ信用スルニ足ラサルニ因リ、訴訟費用ニ関シテハ民事訴訟法第七二条ヲ適用シ、主文ノ如ク判定ス

　　明治●●年●月●日

□□地方裁判所民事第▲部

　　また、次に掲載する裁判例（昭和33年4月に配布された司法研修所「民事判決起案の手びき」の65頁に掲載された判決記載例（原文は縦書き）に、読みやすさの観点から改変を加えた。）のように、第二次世界大戦後、判決書も口語体・平仮名書きで記載されるようになったが、判決書の様式については、戦後間もなくの頃は従前の様式が基本的に踏襲されていた[10]。

---

10　なお、昭和30年代に入り、判決書の簡易化や明瞭化、さらには、判決書作成に係る負担の軽減化に関する議論も行われるようになるが、多くの裁判官に浸透するものではなかった。倉田・前掲注8の7頁等参照。

昭和28年（ワ）第●●●●号

判　　決

（当事者の表示：略）

　右当事者間の昭和28年（ワ）第●●●●号売掛代金請求事件について次のとおり判決する。

主　　文

　被告は原告に対し10万8393円及びこれに対する昭和28年2月11日から完済まで年6分の金員を支払うべし。

　原告のその余の請求を棄却する。

　訴訟費用は4分し、その3を被告、その余を原告の各負担とする。

　この判決は、原告において3万円の担保を供するときは、その勝訴部分に限り、仮に執行することができる。

事　　実

　原告訴訟代理人は「被告は原告に、15万8393円とこれに対する昭和28年2月11日から支払ずみまで年6分の割合による金員を支払え、訴訟費用は被告の負担とする」との判決と仮執行の宣言を求め、請求原因を次のとおり述べた。

「昭和26年8月12日原告会社は被告会社に被告が施工する墨田区〇〇工事に要する、砂利、砂、割栗石などその工事材料一切を売渡す契約をし、次のように約した。（以下、略）

　よって、原告は被告に対し残代金15万8393円とこれにつき支払日より後の昭和28年2月11日から支払ずみまで商法所定年6分の率による遅延損害金の支払を求めるわけである。」

　被告訴訟代理人は「原告の請求を棄却する、訴訟費用は原告の負担とする」との判決を求め、次のように述べた。

「原、被告間に原告主張の売買契約が成立したこと、被告が原告主張の物品の引渡しを受けたこと（ただしそのうち後記八分洗砂利は、右売買契約の履行として引渡されたものではない）は認める。しかし、

～（以下、略）

　さらに、被告は、別紙入金明細表記載の如く、計１０７万５１２０円の支払をしたほか、残代金支払のため昭和２７年３月５日原告にあてて金額１５万円、支払日同年５月１日の約束手形１通を振出し交付した際、原告代表者は、この手形金支払を以て被告の残代金債務を免除する旨被告に意思表示をした。（以下、略）」

　原告訴訟代理人は「被告主張の抗弁事実は否認する、なお、原告は被告に注文違いの砂利を送ったことはない」と述べた。

　証拠として、原告訴訟代理人は甲第１、２号証を提出し、証人甲野太郎の証言、原告代表者尋問の結果を援用し、

　被告訴訟代理人は、乙第１号証、第２号証の１、２、３を提出し、証人乙山花子の証言、被告代表者尋問の結果を援用し、甲第１、２号証の成立を認めると述べた。

　原告訴訟代理人は、乙第２号証の２の成立は不知、その他の乙号各証の成立を認めると述べた。

　　　　　　　　　　理　　　　由

　原告会社と被告会社との間に原告主張の日、原告主張の売買契約が成立したこと、原告が別紙売掛明細表記載の物品を被告に引渡したこと及び右のうち被告主張の八分洗砂利を除きそれが原被告間の前記契約の履行としてされたものであることは当事者間に争いがなく、右商品の代金額が別紙売掛明細表記載のとおりであることについては、被告において明かに争つていないから、これを自白したものとみなすべきである。

　被告は原告から引渡を受けた物品中、八分洗砂利は被告が注文した寸二洗砂利の代りに送つてきたのであるから、寸二洗砂利の価格の限度においてのみ代金支払義務があると争うが、～（以下、略）

　それで、次に被告の債務免除の抗弁について判断するに、原告及び被告各代表者尋問の結果を合せ考えると、～（以下、略）

最後に昭和２６年１２月１８日被告から原告に５万円の支払をした
という被告の主張について考えるに、成立に争いのない乙第２号証の１
及び３、被告代表者尋問の結果によつて真正に成立したことが認められ
る同号証の２と被告代表者尋問の結果を合せ考えると、～（以下、略）
　　よつて原告の被告に対する本訴請求は右認定の限度で理由があると
認めてこれを認容し、その他を棄却すべく、訴訟費用の負担について
民事訴訟法第９２条本文を仮執行宣言について同法第１９６条第１項
を適用して主文のとおり判決する。

　　　　　　　□□地方裁判所民事第▲部

　　　　　　　　裁　判　官　　　　　　　　甲

入金明細表及び売掛明細表　　　略

2　在来様式判決の登場とその意義並びに同判決が果たしてきた役割及び
　機能

⑴　その後、司法研修所を中心に要件事実理論に基づいたいわゆる在来
　　様式判決が推進され、昭和40年代以降の裁判実務は、在来様式判決が
　　支配的となった[11]。

⑵　一般に、在来様式判決とは、司法研修所における要件事実教育の徹
　　底・深化を受けて登場したものであり、司法研修所作成の「民事判決
　　起案の手引」の記載内容に従った様式である。在来様式判決の具体的
　　な構成例は次のとおり（昭和46年３月に配布された司法研修所「５訂
　　民事判決起案の手びき」の104頁に掲載された判決記載例（原文は縦
　　書き）に改変を加えたものである。）であるが、判決書を「主文」、「事実」
　　及び「理由」欄に三分し、「事実」欄においては、権利の発生、変更、

---

11　昭和33年４月に司法研修所から「民事判決起案の手びき」が初めて配布された。その
　　後、改訂版が昭和34年４月に、再訂版が昭和35年４月に、３訂版が昭和37年４月に、４
　　訂版が昭和42年２月に、５訂版が昭和46年３月に、６訂版が昭和53年４月に、７訂版が
　　昭和63年４月にそれぞれ配布されたが、５訂版で初めて在来様式判決による判決記載例
　　が掲載された。

消滅等という実体法上の要件に関する当事者の主張の全てを、主張立証責任の所在に従って、請求原因、抗弁、再抗弁等とそれらに対する認否という形で整理して摘示し、「理由」欄においては、上記「事実」欄で摘示された論理的構造に従って順次判断するという構成を採る。在来様式判決は、民事実体法から導かれる要件事実の主張立証責任に忠実な構成を採るものであるだけに、裁判官は、その作成過程においておのずと実体法上の要件を確認することになって、判断の正確性が担保されるという利点があり、前記第2の1に掲げた判決書作成の目的及び機能のうち、(4)（判決をする裁判官自身に対して、自己の考え、判断を客観視することを可能にすること）に沿うものである。

---

昭和４５年（ワ）第●●●●号貸金請求事件

判　　決

（当事者の表示：略）

主　　文

一　被告は、原告に対し、～を支払え。（以下、略）

事　　実

第一　当事者の求めた裁判[12]

　一　請求の趣旨

　　1　被告は、原告に対し、～を支払え。

　　2　訴訟費用は被告の負担とする。

　　3　仮執行宣言[13]

　二　請求の趣旨に対する答弁

　　1　原告の請求を棄却する。

---

12　倉田・前掲注8の影響もあって、「当事者の求める裁判」とするものもあった。また、「申立て」、「当事者の申立て」などとするものもあった。
13　民訴法の条文（旧民訴法198条など。民訴法では259条など）の文言に忠実に「仮執行の宣言」とするものもあった。また、この部分については文章体で「との判決及び仮執行（の）宣言を求める。」とするものもあった。

2　訴訟費用は原告の負担とする。
第二　当事者の主張
　一　請求原因[14]
　　1　原告は、〜を目的とする株式会社である。
　　2　原告は、昭和４２年５月２８日、被告との間で、以下の準
　　　消費貸借契約を締結した。（以下、略）
　二　請求原因に対する認否
　　　全部認める。
　三　抗弁
　　1　代物弁済
　　　(1)　〜（以下、略）
　　2　相殺
　　　(1)　〜（以下、略）
　四　抗弁に対する認否
　　1　抗弁１の(1)のうち、〜（以下、略）
　　2　抗弁２の(1)は認め、その余は否認する。（以下、略）
第三　証拠[15]
　一　原告
　　1　甲第１号証、第２号証の１、２
　　2　証人甲野太郎、同乙川次郎、原告代表者
　　3　乙第１号証、第４号証の１、２の成立は認める。第２号証
　　　の成立は否認する。その余の乙号各証の成立は知らない。
　二　被告
　　1　乙第１ないし第３号証、第４号証の１、２、第５号証

---

14　民訴法の条文（旧民訴法224条。民訴法では133条２項２号）の文言に忠実に「請求の
　　原因」とするものもあった。
15　昭和57年の旧民訴法改正（前掲注５）以後は、「本件記録中の書証目録及び証人等目
　　録に記載のとおりである（から、これを引用する）。」などと記載するのが一般的となった。

２　証人甲野太郎、同丙山三郎、被告本人（第１回）

　　３　甲第１号証の成立は認める。（以下、略）

　三　職権

　　被告本人（第２回）

理　　由

一　準消費貸借契約について

　　請求原因事実については、当事者間に争いがない。[16]

二　代物弁済について

　　１　証人甲野太郎の証言及び被告本人尋問の結果（第１、２回）

　　を総合すると、～（以下、略）

三　相殺について

　　１　抗弁２の(1)の事実は、当事者間に争いがない。

　　２　証人丙山三郎の証言及び被告本人尋問の結果（第１回）並

　　びにこれらによって真正に成立したと認められる乙第３号証

　　によると、抗弁２の(2)の事実を認めることができる。（以下、

　　略）

四　結論

　　（以下、略）

□□地方裁判所民事第▲部

裁　判　官　　　　甲

　３　新様式判決の提唱とそれに至る経緯及びその背景

　(1)　在来様式判決に対する批判と訴訟運営の改善[17]

　　ア　このように、在来様式判決は体系化されるとともに、広く普及し

　　　ていったが、それに伴い、在来様式判決、更には判決の前提となる

　　　審理の在り方に対し、様々な問題点が指摘されるようになった。

---

16　在来様式判決では、このような争いのない事実についても改めてその旨を記載し、こ
　れが判断の前提とされる。

17　共同提言１頁以下等参照

イ　まず、判決書に対しては、その作成に裁判官がかなりの労力と時間を傾注しているにもかかわらず、「冗長で、平面的にすぎる。」、「当事者にとって分かりにくく、知りたいところに十分こたえていない。」、「難解で長文なものが多く、一般人には分かりにくい。」などの意見が出されるようになった。

具体的には、①在来様式判決では、当事者の主張する事実が、主張立証責任の所在によって、請求原因、抗弁、再抗弁等に分断して記載されるため、法律家以外の者にとっては難解で技巧的なものであった。また、②在来様式判決では、当事者が形式的に争っているにすぎない事実と実質的に争っている事実とを区別して表現することが予定されておらず、何が主要な争点であるかを直ちに把握することが困難であるとともに、間接事実については、重要な間接事実であっても、事実欄に適切な記載がされないことがあるため、主として重要な間接事実が争われている事件では、判決書だけからは紛争の実相が把握しづらいことがあった[18]。そして、③理由欄では、事実欄で摘示された事実について、それに対する判断を逐一説示する方式が採られていたため、事実欄の記載を理由欄で再度繰り返す形になり、記載の重複によって判決書が長文化するとともに、そこでの記載も、例えば「請求原因１は争いがなく、同２は〜の証拠によって認められる。抗弁はこれを認めるに足りる証拠がない。」など、

---

18　この点に関し、重要な間接事実が事実欄に記載されず、紛争の実相が分かりづらい判決が存在したことや、司法修習生への指導において、主要事実を的確に把握し、それを漏れなく記載することが強調された点があったことは否定できないものの、例えば、昭和46年３月に配布された司法研修所「５訂民事判決起案の手びき」37頁では、「判決の事実には、主要事実の全部と間接事実のうち重要なもののみを記載する。」とされているほか、実際の判決書では、紛争の実相が浮かび出るよう重要な間接事実を記載する例が多かった。

要件事実だけを書いて判断するような「骨と皮だけ」の判決[19]もみられるようになり、判決書から当該事件の真の争点やその争点についての当事者の主張、さらには、争点に対し、裁判所がどのような証拠や認定事実に基づいて判断したのかが分からないとの指摘がされた。

ウ　民事訴訟の審理についても、争点を意識せず、準備書面の交換を漫然と繰り返し、五月雨式証拠調べを行うことを標準とするそれまでの審理方式[20]から、争点整理及び集中証拠調べを基本とする争点中心の審理方式への転換が叫ばれ、それに伴い、判決の在り方や様式もそのような新しい審理方式に即したものとすることが模索された。

(2)　共同提言の公表と新様式判決の提唱等

ア　このような状況下において、平成2年1月に、東京高等・地方裁判所民事判決書改善委員会と大阪高等・地方裁判所民事判決書改善委員会の共同提言として、「民事判決書の新しい様式について」（共同提言）が公表され、新様式判決が提唱された。共同提言が示した新様式判決の具体的な構成要素は、次のとおりである。

| |
|---|
| 1　事件番号、事件名、表題、当事者、代理人等の表示 |
| 2　主文 |

---

19　この指摘については、在来様式判決に固有の問題とはいえない。新様式判決でも「骨と皮だけ」の判決を書くことは可能であることに留意すべきである。ヒアリングにおいても、実際にそのような判決が散見されるとの指摘があった。

20　本来、在来様式判決は、争点整理段階で要件事実の理論を念頭に置いた積極的な訴訟指揮や争点を絞った審理を行うことを前提とするものであったはずである。しかし、実際には、準備書面の交換が漫然と繰り返され、五月雨式証拠調べが実施された上で弁論を終結し、判決書を作成する段階になってから事実摘示部分の作成に着手する結果、判決言渡しまでに多数の日数を要することとなる事例のほか、判決書作成の段階で要件事実の欠落や不足等が判明したため、弁論を再開した上で、追加の審理をせざるを得ないような事例も少なからず見受けられた。

```
3  事実及び理由
 (1)  請求（申立て）
 (2)  事案の概要
 (3)  争点に対する判断
4  裁判所の表示及び裁判官の署名
```

　前記２の在来様式判決における構成要素と比較すると明らかなとおり、在来様式判決では、「事実」欄と「理由」欄が区分されていたが、新様式判決では、これらを融合した「事実及び理由」欄を設けており、この点が新様式判決の構成要素における大きな特徴の一つである。

　また、上記構成要素の３(2)の「事案の概要」欄と同(3)の「争点に対する判断」欄にも特徴がみられる。すなわち、ここでは、まず当事者間に争いのない事実を示すことによって紛争の基盤を明らかにし、これを前提として争点を浮き彫りにすることによって、どのような類型の事件であり、どの点が中心的な争点であるかを明らかにした上、上記争点についての裁判所の判断を示す（上記構成要素の３(3)の「争点に対する判断」欄）という構成が採用されている。

　このように、共同提言が提唱した新様式判決の構造は、「事案の概要」欄の記載と「争点に対する判断」欄の記載とが一体となって、主文を導くのに必要な事実とこれに対する判断の過程とを明らかにするというものである[21]。そして、これにより、当事者の主張と裁判所の認定、判断との間の重複記載をなくし、判断の過程を把握しやすくしようとするものであった[22]。

---

21　東京報告391（6）頁
22　江見「判決書」250頁、小林秀之「民事判決書新様式の評価と検討」判タ724号８頁（1990）。なお、共同提言当初において、「事実」欄と「理由」欄の統合により、「争点に対する判断」欄に記載されることで明らかになる事実は、「前提事実」欄や「争点及び当事者の主張」欄（これらの意義については、後掲注47及び同48参照。）での事実摘示を省略するとの見解が採用されていた点につき、後掲注80及び同82参照。

これらを踏まえ、共同提言が提唱した新様式判決の具体的な構成例[23]は、次のとおりである[24]。

---

平成2年（ワ）第●●●●号貸金請求事件

判　　　決

（当事者の表示：略）

主　　　文

1　被告は、原告に対し、〜を支払え。

（以下、略）

事実及び理由

第1　請求

被告は、原告に対し、〜を支払え。

第2　事案の概要

1　争いのない事実

(1)　原告は、〜を目的とする株式会社である。

(2)　原告は、平成2年5月28日、被告との間で、以下の準消費貸借契約を締結した。（以下、略）

2　争点

原、被告間で締結された準消費貸借契約について、被告による代物弁済の成否（争点1）及び相殺の成否（争点2）が争点である。

第3　争点に対する判断

1　争点1について

---

23　現在、多く用いられている新様式判決の構成例は、後記第2章第1の1参照。

24　ここでは、上記在来様式判決の事案を踏まえ、新様式判決の一構成例を掲載したが、共同提言では、新様式判決の基本的な考え方や判決書作成の際の留意事項のほか、モデル判決書として、10例の判決書が掲載されている（なお、モデル1から3までの判決書では、在来様式判決と新様式判決の対比ができる形となっている。）。共同提言を読んだことがない方がおられれば、是非一読されることをお勧めしたい。

(1) 証拠（乙１、証人甲野太郎及び被告本人）及び弁論の全
趣旨によれば、次の事実が認められる。

ア　〜（以下、略）

(2) そして、上記認定事実ウ及び同エによれば、〜（以下、略）

(3) 以上の検討によれば、被告が、原告に対し、代物弁済を
したとはいえない。

2　争点２について

(1) 証拠（乙３、証人丙山三郎及び被告本人）によれば、〜
の事実が認められる。

(2) そして、〜（以下、略）

(3) 以上によれば、〜（以下、略）

3　結論

（以下、略）

　　　　　　　　　　　□□地方裁判所民事第▲部

　　　　　　　　裁　判　官　　　　　　甲

イ　共同提言が基礎にしている考え方は、次のようなものである[25]。

㋐　民事裁判実務においては、早期に紛争の全体像を把握して、事
件の個性に応じた処理をするために事件の振り分けを行い、裁判
所と当事者及び訴訟代理人が協調して的確な争点整理をし、その
争点について最良の証拠を提出させて証拠調べを集中して実施す
ることが必要である。そのためには、要件事実の理論に裏付けら
れた事実主張と適切な訴訟指揮が不可欠である。

㋑　そのような充実した審理を前提とすれば、当事者が真に裁判所
の判断を求めている事項（中心的争点）はおのずと限られたも

---

25　共同提言２頁以下及び起案の手引89〜90頁参照

のとなり[26]、裁判所の判断もそこに焦点を合わせることによって、判決書は、より簡潔で分かりやすくなる。

㋑ 判決書は、何よりも当事者のためのものであるから、そのことを重視して、事件における中心的争点を浮かび上がらせるとともに、平易簡明な文体と分かりやすい文章を用い、形式的な記載、重複記載等の無駄を省いて、簡潔なものとなるように心掛けるべきである。判決書において、殊更に一般的に使われていない難解な用語を使うのは避けたほうがよい。

㋒ 具体的な記述としては、事実及び理由のうち、中心的争点については、具体的な事実関係が明らかになるよう、主張と証拠を摘示しながら丁寧に記述するが、全体を通じて、主文が導かれる論理的過程が明確に読み取れる程度の記載で足りる。また、常識的な文章の起案能力があれば書ける判決を目指す。

4 共同提言の反響と共同提言が示した新様式判決の変容

(1) 共同提言の反響

このような共同提言や新様式判決は、おおむね好意的に受け止められた。しかし、在来様式判決に慣れ親しんだ立場から、①判決書を読んでも判決の結論に至る論理的過程や構造が分かりにくいものがある、訴訟物が明らかでないものがある、要件事実の一部の記載が欠落していたり、主張立証責任の所在を見誤っているとみられる判決があるなどの指摘がされた。また、②要件事実による整理を判決の中ですることを諦める結果、裁判官が自己の判断を客観視するという判決書

---

26 共同提言では、多くの事件における中心的争点が1、2点であることを前提に、当事者との間で整理、確認された上記中心的争点について立証が尽くされるような訴訟運営が望ましいとされた。このように、争点整理手続及び人証調べと新様式判決の判決書作成とが密接に関連するものであることを意識し、審理を進める必要があることは、共同提言当初から想定されていたものである（後記第4章「判決書作成を意識した争点整理と人証調べ」参照）。

作成の機能（前記第2の1(4)）を低下させ、手抜きになるおそれはないか、③「中心的争点以外の争点については概括的に判断が示されていれば足りる」とすると、上記②と相まって審理段階における指針ともされてきた要件事実理論が軽視されることにならないか、④旧民訴法191条の定める必要的記載事項の解釈上、中心的争点以外の主要事実の記載の省略は許されないのではないか、などの新様式判決の在り方や内容に関わるもののほか、⑤控訴審の審理との関係で問題があるのではないか、さらには、⑥争点整理手続における議論や意思疎通が不十分であることなどを原因として、「当事者が重視していた争点が取り上げられていない。」や「判決を読んで初めて裁判所が考える中心的争点が判明した。」など、様々な問題点や意見が出された[27]。

(2) 大阪報告及び東京報告の発表と新様式判決の改善

ア　これら問題点等の指摘を踏まえ、新様式判決は、裁判所内部においても実務的な観点から検討が加えられ、平成4年2月に発表された大阪報告及び平成6年3月に発表された東京報告により共同提言の内容が一部修正され、改善の提案がされたほか、共同提言の趣旨等を踏まえ、各裁判官が事案に応じた創意工夫を施したりした。

イ　具体的には、まず、新様式判決及びその前提となる審理は、共同提言が述べるとおり、要件事実理論を当然の前提とするものであり、訴訟物を確認した上で要件事実理論に従って争点整理を行い、真の争点を的確に把握するとともに、これを当事者との間で確認・共有し、その真の争点について、充実した審理・判断を行うことが重要であることが、繰り返し説明・確認された。そして、多くの裁判官も、当該事件に係る要件事実を確認・把握することは当然の前提であるとの考えの下、各事件につき、判決書とは別に手控えを作成す

---

27　なお、当時の批判、議論状況については、コンメンタールV179頁以下、大阪報告296（1）頁以下参照。

るなどし、そこで要件事実を確認・整理した上で審理・判断をしているのが実情となっている。新様式判決では要件事実理論を軽視する可能性、すなわち、当事者が争点と主張するものを当該事件の争点とし、それに対する判断と結論を示せば、要件事実理論を確認せずとも判決書の作成が可能となってしまうという問題点があるところ、上記実情は、この問題点に対する対応でもあった。

ウ　また、判決書において、訴訟物が明らかではないものがある[28]、要件事実の欠落等がある、第三者には当事者の具体的な主張や結論に至る過程が分かりにくく、当事者の訴訟活動や、何が当事者間で争われているかを把握できない[29]との指摘を踏まえ、後記第3章第1節第1の2や後掲注56のとおり、「事案の概要」欄の冒頭に記載されるいわゆる「事案の要旨」で附帯請求を含めた訴訟物を明示するとともに、「事案の概要」欄には、争点のみを記載するのではなく、当事者の主張（主要事実及び重要な間接事実）も記載し、これにより、「事案の概要」欄（「前提事実」欄及び「当事者の主張」欄）で全ての主要事実を摘示することが望ましい[30]との意見が出され、現在ではそれを踏まえた新様式判決も多い。そして、主張立証責任の

---

28　共同提言が示した判決モデルの中には、現在の新様式判決では「事案の概要」欄の冒頭に記載されることが多い「事案の要旨」が記載されず、冒頭から争いのない事実を記載するものもあった。そのため、共同提言後間もない時期には、判決全体を通読しても、訴訟物が明らかではないものがあるとの批判があった。

29　共同提言では、「事案の概要」欄には争点のみを摘示し、当事者の主張は、主要事実を含めてその一切を記載せず、「争点に対する判断」欄で排斥する主張を記載した判決モデルが提示されていた。

30　なお、東京報告では、「事案の概要」欄中の「前提事実」欄に記載された事実と、「争点に対する判断」欄における裁判所の認定、判断とを総合すると、主文を導くのに必要な限りでの全ての要件事実が記載されている必要がある（逆に言えば、それで足りる）としている（東京報告374（23）頁）。

所在を誤らないよう、争点の表示に留意したり[31]、主張立証責任を
負う側の主張を先に記載するなどの取組もされている。

エ　さらに、控訴審においても、共同提言の公表後速やかに新様式判
決を前提とした審理・判決の実務が構築され、平成5年頃にはその
ような実務が相当に定着するようになったとされている[32]。

5　その後の新様式判決

(1)　新様式判決の普及及び民訴法の改正等

このような各種取組を経て、新様式判決は、急速に実務に広がった。
そして、実務への普及に伴い、裁判官は、実際の事件処理を通じて、様々
な工夫を積み重ね、個々の事件に応じたより良い判決の在り方を模索
し続けており、このような取組は、今日まで脈々と続いている。この
ような状況に伴い、平成8年の民訴法の制定（改正）の際、新様式判
決の内容等を踏まえ、判決書の記載事項に関する民訴法253条が定め
られた（前記第3の2参照）[33][34]。

また、民訴法の制定（改正）後も、争点整理手続において当事者と
協働して主張整理案や事実経過一覧表等を作成し、それを判決書に活
用するといったいわゆる「当事者参加型判決」[35]の観点から、「民事訴
訟規則及び執行官の手数料及び費用に関する規則の一部を改正する規
則」（平成15年最高裁判所規則第19号）により、裁判所に提出する書
面に記載した情報の電磁的方法による提供について定めた民訴規則3

---

31　例えば、善意であることが要件事実である場合の争点の記載として、「〜につき、知っ
ていたか」とするなど、要証事実の反対事実を争点として掲げないことが挙げられる。

32　司法研修所編『民事控訴審における審理の充実に関する研究』司法研究報告書第56輯
第1号184頁（法曹会、2004）

33　これにより、新様式判決が旧民訴法191条の必要的記載事項の定めに抵触するのでは
ないかという疑義（上記4(1)④）は解消された。

34　なお、「民事判決起案の手引」については、平成10年11月に配布された8訂版から新
様式判決に関する記載が加えられた。

35　福田剛久「民事訴訟の新しい実務」判タ1077号29頁（2004）

条の2が新設（大規模訴訟に関する特則として定められた旧167条を一般化して要件を整備）された。これにより、裁判所は、当事者から、裁判所に提出した書面に記載した情報の内容を記録した電磁的記録の情報の提供を受ける法的根拠が与えられ、これを利用して判決を作成することがより容易にできるようになったといえる。

(2) 近時における新様式判決の議論状況等

　　他方、新様式判決に向けられた批判のうち、「当事者が重視していた争点が取り上げられていない。」や「判決を読んで初めて裁判所が考える中心的争点が判明した。」などの指摘については、現在においても十分に解消されたとはいい難い状況にある[36]。上記指摘は、新様式判決の様式や記載内容だけの問題ではなく、争点整理手続における議論や意思疎通が不十分であることなど、様々な要因が複雑に絡むものであるが、新様式判決の課題の一つとして、その改善・解消が追求されるべきである。

　　また、民訴法の施行後にも判決書に関する論考[37]は多数あり、各種協議会等で判決書の在り方等が話題になることも少なくない。しかし、民事判決書については、平成6年3月の東京報告以降、これに類する規模の検討結果は公式なものとしては発表されていない。その意味で、東京報告の発表から今日までの期間は、新様式判決の実践・定着のための期間であったといえる。このような実務の蓄積の中、大阪報告・東京報告が提示した新様式判決の在り方からの変容と多様化が見られ、控訴審や法曹関係者等から指摘を受けている問題点も出てき

---

36　ヒアリングにおいて、このような指摘がされたほか、令和3年7月に最高裁判所事務総局から公表された「裁判の迅速化に係る検証に関する報告書（第9回）」117頁でも同様の指摘がされている。なお、ヒアリングの結果等を踏まえた近時の判決書にみられるその他の問題点及びそれらの解決に向けた展望については、後記第2章第1の2及び第2参照。

37　ここでは、比較的最近のものとして、家原「一考察」と矢尾ほか「現状と在るべき姿」を挙げておく。

ている状況である。加えて、裁判官の多くは、共同提言等が積み上げ
ていった新様式判決の検討経緯等を体験していない世代となり、新様
式判決を所与のものとして、日々の事件処理に当たっているのが実情
と思われ、判決を特定の形式に無理に押し込もうとして、事案の争点
構造に即して、中心となる判断を分かりやすく説示したメリハリのあ
る判決を作成するという新様式判決の利点を生かした工夫がされてい
ないものもあるようにも思われる。個々の事件について、より良い判
決書作成のための創意工夫は不断に続けられているが、民訴法の施行
から日がたつにつれ、共同提言当時の熱が冷め、判決書の様式や在り
方に関する議論は低調な状況といえよう。

第5　新様式判決の意義
　1　これまでみてきたように、共同提言で提唱された新様式判決は、急速
に実務に普及し、種々の変容を遂げながらも、多くの判決書が新様式で
作成されるようになった。また、上記のとおり、課題はあるものの、共
同提言から約30年が経過し、令和となった今日においても、これまでの
民事判決書に係る議論や実践を基礎に、各裁判官が、個々の事件の審理
や特徴を踏まえたより良い判決書の作成のため、改善や創意工夫に取り
組み、その結実として現在の新様式判決が存在している。現在における
新様式判決の到達点等は次章以下で検討するが、本章のまとめとして、
改めて新様式判決の意義について、次のことを確認しておく。
　2　新様式判決は、審理内容が争点中心型であることを前提としているも
の[38]である。逆にいうと、審理の在り方が争点中心型の審理でなければ、

---

38　具体的には、上記のとおり、中心的争点を浮かび上がらせるため、争いのない事実を
「事案の概要」欄中の「前提事実」欄にまとめて記載することによって、まず紛争の前
提、背景ないし基礎を示し、続いて中心的争点、すなわち、裁判所の判断が真に求めら
れる事項を明らかにし、その上で、判断部分において、中心的争点に対する判断過程を
端的に示すことができるような構造を採用している。

新様式判決の実践的な目標を達成することができない[39]。新様式判決は、書証等の証拠にも目配りしながら要件事実的思考に基づく争点整理を行って中心的争点を浮き彫りにし、これを踏まえて中心的争点に光を当てた証拠調べをすること、すなわち、争点中心型の審理を当然の前提にするものであるといえよう[40]。そして、このことからも、判決書の様式と争点整理（争点及び証拠の整理手続）及び証拠調べとの間の密接な関係性を見て取ることができることに加え、そのような審理を前提とする新様式判決は、審理結果を踏まえ、中心的争点については丁寧に記述する一方、形式的な記載や重複記載等の無駄を省くなど、メリハリのついたものであることを本来的な在り方とするものといえよう[41]。

3　また、新様式判決が提唱されるに至った経過からも明らかなとおり、判決書の様式は決して不変ではなく、審理の在り方等が変われば判決書の様式や記載方法もそれを踏まえて変わり得るものであるといえる。上記のとおり、本報告書では、次章以下で、現時点における民事判決書の到達点を明らかにすることを試みている。しかし、そもそも新様式判決の形自体一つではない上に、決して不変のものでもない。特に、民事訴訟手続のＩＴ化は、判決書の様式や作成方法等に大きな変革をもたらす可能性があり、ＩＴ化の議論や実践の深化を踏まえ、引き続き検討されるべきものである[42]。「民事訴訟制度の運営自体がそうであるように、判

---

39　吉川「判決書」125、126頁参照

40　在来様式判決は、実体法に基づいて要件事実を整理し、これにのっとった構成を採用するものであるのに対し、新様式判決は、争いのある事実と争いのない事実とを区分して争点を整理し、争いのある事実を証拠によって認定して結論を導くという実際の訴訟の展開に即したものであるといえる。このことから、東京報告は、在来様式判決は判決書の「実体法的構成」であるのに対し、新様式判決は「訴訟法的構成」であると指摘している（東京報告392（5）、391（6）頁参照）。

41　判決書作成を意識した争点整理と人証調べについては、後記第4章を参照。

42　ＩＴ化以外にも、判決書のオープンデータ化の議論が進んでおり、住所や氏名の秘匿化のほか、固有名詞をどこまで厳密に記載するのかなどの問題が、今後生ずる可能性が考えられる。

決書の在り方についても、慣行や固定的な観念にとらわれることなく、常に時代の要請に応じて新しい状況に即した様式を考案し、採用していく努力が必要である。」との共同提言での指摘を再度確認し、その意図したことが実現できるよう、今後も判決書について種々の創意工夫を続けていくことが必要である。

（参考）【司法制度・民事判決書に関する出来事】[43]

| | |
|---|---|
| 明治5年8月 | 司法職務定制の制定 |
| | 本格的な司法制度の発足とされている。 |
| 明治6年7月 | 太政官布告「訴答文例」が制定 |
| | 訴状と答弁書の作成方式の詳細が制定される。 |
| 明治6年11月 | 司法省達第185号の発出 |
| | 「裁判言渡書ノ写ニ裁判庁ノ印ヲ押シ之ヲ原告被告ニ下付」すべきものとされており、民事事件における判決書はここからスタートしたと考えられる。 |
| 明治23年4月 | 民事訴訟法（明治23年法律第29号）が成立公布（明治24年1月施行） |
| 明治23年11月 | 裁判所構成法の施行 |
| | 近代的な裁判所制度の確立とされる。 |
| 大正15年4月 | 上記民事訴訟法の第1編から第5編までを全面的に改正する法律（大正15年法律第61号）が成立公布（昭和4年10月施行） |
| 昭和16年 | 司法研究所、「民事判決書集」を編集 |
| 昭和33年4月 | 司法研修所、「民事判決起案の手びき」を配布 |
| | 以後、数次にわたり改訂される。 |
| 昭和46年3月 | 司法研修所、「5訂民事判決起案の手びき」を配布 |
| | 在来様式判決による判決記載例が掲載された。 |
| 昭和57年8月 | 旧民訴法の改正（昭和57年法律第83号） |
| | 判決書の簡易化等が図られた。 |
| 平成2年1月 | 共同提言の発表 |
| 平成4年2月 | 大阪報告の発表 |

---

43　本章に関係する出来事を整理したものであり、司法制度及び民事判決書に関するこれまでの出来事を網羅的に記載したものではないことに留意していただきたい。

| | |
|---|---|
| 平成 6 年 3 月 | 東京報告の発表 |
| 平成 8 年 6 月 | 民訴法が成立公布（平成10年 1 月施行） |
| 平成10年11月 | 司法研修所、「 8 訂民事判決起案の手引」を配布 |
| | 新様式判決に関する記載が加えられた。 |
| 平成13年 1 月 | 裁判文書のＡ 4 判横書き化が実施 |
| | これに伴い、民事判決書もＡ 4 判横書きが一般となる。 |

# 第2章 新様式判決総論

第1 新様式判決の現状と課題

1 現状

　　共同提言から約30年が経過し、新様式判決は完全に実務に定着した。これは、民事訴訟手続のプラクティスが、実務における運営改善の積み重ねと民訴法の制定（改正）とによって、いわゆる五月雨型審理から争点整理手続と集中証拠調べを骨格とする争点中心型審理へと改善されてきたことと深く結び付いている。この間、新様式判決の構成には、第1章でもみたとおり、いくつかの点で変容があったが、「当事者が真に知りたいことに簡明かつ的確にこたえる平易な判決書」[44]を目指し、争点中心型審理に即した構成とする方向性に変わりはない。

　　現在、多くの新様式判決では、以下の構成例のように「事案の概要」欄と「当裁判所の判断」欄が設けられ、「事案の概要」欄には①事案の要旨、②前提事実、③争点及び当事者の主張が、当裁判所の判断欄には④認定事実及び⑤争点に対する判断が記載されている[45]。

（構成例）

| 主　　　　　文 |
| --- |
| 1　　被告は、原告に対し、○万円及びこれに対する令和○年○月○日から支払済みまで年3％の割合による金員を支払え。<br>2　　原告のその余の請求を棄却する。<br>3　　訴訟費用は、これを○分し、その○を被告の負担とし、その余 |

---

44　共同提言1頁

45　本文に挙げた構成例は飽くまでも一つの例にすぎない。望ましい構成例は事案によって異なり得る。また、裁判官の個性や考え方が反映されてよい。その他の具体的な記載例については各構成要素の該当箇所参照。

は原告の負担とする。

4　この判決は、第1項に限り、仮に執行することができる。

事実及び理由

第1　請求

被告は、原告に対し、○万円及びこれに対する令和○年○月○日から支払済みまで年3％の割合による金員を支払え。

第2　事案の概要

1　事案の要旨[46]

本件は、原告が、被告に対し、～～～したとして、～～に基づき、～～○万円及びこれに対する～～の日である令和○年○月○日から支払済みまで民法所定の年3％の割合による遅延損害金の支払を求める事案である。

2　前提事実[47]（当事者間に争いがないか、掲記の証拠及び弁論の全趣旨により容易に認められる事実）

(1)・・・・・・・・・・・・・・・・

(2)・・・・・・・・・・・・・・・・

(3)・・・・・・・・・・・・・・・・

---

46　「事案の要旨」は「事案の概要」欄の冒頭部分に当たり、「事案の要旨」との表題を付しているものもあれば、そのような表題を付していないものもある。本研究ではこの構成要素を「事案の要旨」という。

47　「前提事実」の表題は、共同提言が示したモデル判決書では「争いのない事実」との呼称が用いられていたが、その後、証拠及び弁論の全趣旨によって容易に認められる事実を含むことを明らかにする趣旨で「争いのない事実等」、「前提となる事実」などと呼称されるようになった。現在では「前提事実」との呼称を用いる判決書が比較的多いが、「前提となる事実」、「争いのない事実等」などを用いるものもある。本研究ではこの構成要素を「前提事実」欄という。

3　争点及び当事者の主張[48]

　　　(1)　・・・・・・・

　　　（原告の主張）

　　　　・・・・・・・・・・

　　　（被告の主張）

　　　　・・・・・・・・・・

　　　(2)　・・・・・・・

　　　（被告の主張）

　　　　・・・・・・・・・・

　　　（原告の主張）

　　　　・・・・・・・・・・

第3　当裁判所の判断[49]

　　1　認定事実[50]

　　　前記前提事実並びに後掲各証拠及び弁論の全趣旨によれば、
　　以下の事実が認められる。

　　　(1)　・・・・・・・・・・・

　　　(2)　・・・・・・・・・・・

　　2　争点(1)（・・・・・・・）について

　　　(1)　・・・・・・・・・・・

　　　(2)　・・・・・・・・・・・

---

48　「争点及び当事者の主張」の表題は、共同提言が示したモデル判決書では「争点」と
　の呼称が用いられていたが、現在では「争点」又は「争点及び当事者の主張」との呼称
　を用いる判決書が比較的多い。本研究ではこの構成要素を「争点及び当事者の主張」欄、
　又は、単に「当事者の主張」欄という。

49　「当裁判所の判断」の表題は、共同提言が示したモデル判決書では「争点に対する判
　断」との呼称が用いられていたが、現在では「当裁判所の判断」との呼称を用いる判決
　書が比較的多い。本研究ではこの構成要素を「判断」欄という。

50　「認定事実」は、「認定事実」との表題を付しているものもあれば、そのような表題
　を付していないものもある。本研究ではこの構成要素を「認定事実」欄という。

```
┌─────────────────────────────────────────────┐
│   3  争点(2)（・・・・・・）について              │
│      ・・・・・・・・・・・                        │
│  第4  結論                                     │
│      よって、原告の請求は、〜に基づき、〜〜○万円及びこれに │
│   対する遅延損害金の支払を求める限度で理由があるからその限 │
│   度で認容し、その余は理由がないから棄却することとし、主文 │
│   のとおり判決する。                            │
│             ○○地方裁判所第○民事部              │
│             裁判官    ○  ○  ○  ○          │
└─────────────────────────────────────────────┘
```

 2　課題

　　様々な機会に指摘されているものに加え、今般行ったヒアリングの結
　果も踏まえると、問題のある判決書として指摘されるのは、次のような
　ものである。

 (1)　冗長な記載

　　　「前提事実」欄、「当事者の主張」欄及び「認定事実」欄の中に、主
　　要事実や重要な間接事実、結論に至る判断過程とのつながりが乏しく、
　　位置付けが不明瞭な事実が多く含まれている。このため、必要以上に
　　長く、要点を把握しづらい。記載する必要性の有無を吟味し要約しよ
　　うとする意識がなく、準備書面や書証の内容を単純に書き写したよう
　　な書きぶりとなっている。

 (2)　不適切な争点設定

　　　当事者の主張に流されて、要件事実的な観点を十分に踏まえること
　　なく争点を設定している。当事者が争点と認識していない問題を争点
　　と設定し、その争点で結論を出している。

 (3)　不十分、不適切な事実認定、理由の説示

　　　安易に陳述書に依拠し、陳述書の内容をそのまま書き写したような
　　事実認定をしたり、重要な書証があるのにこれについての十分な検討

を加えていない、逆に一般的に重要とされる書証に安易に依拠し、例外的な事案への意識に欠けるなど、事実認定の手法に問題がある。

中心的争点であるにもかかわらず、「客観的証拠がない。」、「認めるに足りる証拠はない。」などと記載するだけで簡単に結論を導いている。事実の意味付けや重みを踏まえた判断過程、認定した事実に経験則等を踏まえた評価を加えて結論を導く過程が記載されていない。

## 第2　課題解決への展望

前記第1の2でみた課題を乗り越えるための方策を検討する上で、以下のような観点が必要になると考えられる。

### 1　新様式判決の各構成要素についての十分な理解

新様式判決は、中心的争点についての裁判所の判断過程を分かりやすく示すために考案されたものであり、各構成要素にはそのための役割がそれぞれ存在する。したがって、新様式判決を適切に作成するためには、新様式判決の各構成要素の役割を正しく理解することが重要である。そうすることにより、判決書の素材として何を抽出すべきか、抽出した素材をどこにどのように配置するか（いわば判決書の設計図）をイメージしやすくなる。

### 2　争点中心型審理とそれに連動した判決書の準備

新様式判決は、中心的争点に対する判断の過程を示すことを目指すものであるから、それに先立つ争点整理の中で中心的争点を確認し、中心的争点に光を当てた証拠調べを行う必要がある。すなわち、争点整理及び証拠調べと判決書作成の作業とは密接に関連している。新様式判決は、審理が終わってから改めて記録を読み直して判決書を作成するというスタイルを予定していない。

したがって、判決書の準備は、争点整理や証拠調べが終わってから始めるのではなく、争点整理の段階から進めておくべきものであり、争点整理手続が終了した段階では、判決書の骨格はおのずから完成している

ことが想定されている[51]。判決書そのもののスタイルでの起案まではしなくても、その骨格をメモするだけでも効果がある。

3　メリハリのある判決構成

　　新様式判決は、形式的な記載や重複記載等の無駄を省いた上で、中心的争点を明らかにし、これに対する判断の過程を丁寧に記述することを目指すものである。したがって、メリハリをつけること、すなわち、重要な点には力を注いで丁寧に記載する一方、それ以外の点はできる限り簡潔に記載することを強く意識する必要がある。必要以上の情報が平板に記載されていると、要点や論旨の分かりにくい、肝心な部分がぼやけた判決書になりがちである。判決の読み手（当事者等）が最も関心を持つのは、中心的争点に対する判断過程であることを強く意識し、注力すべきポイントを誤らないようにする必要がある。

---

51　後記第4章第3の1参照

# 第3章　新様式判決各論

## 第1節　事案の概要

　「事案の概要」欄は、「判断」欄と対置される構成要素である。現在の一般的な新様式判決では、①「事案の要旨」、②「前提事実」欄及び③「争点及び当事者の主張」欄から構成されている。「事案の概要」欄の存在意義は、紛争の前提ないし背景や事件の類型、「判断」欄における検討の主題（中心的争点）及びこれに関する当事者の主張の骨子やその法的位置付けについての理解をもたらす点にある。

第1　事案の要旨
　1　意義
　　「事案の概要」欄の冒頭において、紛争の概要（誰が、誰に対し、何に基づき、何を求めている事件か）を簡潔に記載し、訴訟物を明示する部分である[52]。前掲注46のとおり、「事案の要旨」という表題を付さない例も多い。
　2　訴訟物の表示
　　(1)　訴訟物を表示する意義
　　　　判決書は、判決の効力（既判力、執行力、形成力等）の及ぶ範囲を明らかにする機能を備える必要があるから、訴訟物が判決書のどこかに示されていなければならない。そして、読み手にとっては、できるだけ早い段階で訴訟物を把握できた方が判決書の内容を理解しやすい。したがって、訴訟物は、原則として「事案の要旨」で明らかにす

---

52　東京報告386（11）頁以下

べきである[53]。

　一部請求の場合は、その旨を記載すべきである。また、複数の金銭
請求が単純併合されている場合は、合算額を記載するだけではなく、
各訴訟物の金額を記載すべきである[54]。ただし、併合されているのが
複数の貸金や不当利得といった同種の請求の場合は、「事案の要旨」
において各訴訟物の金額を記載せずに合算額を記載するにとどめ、判
決書のいずれかの箇所で各訴訟物の金額を記載することでも足りる。

(2)　附帯請求

　　附帯請求についても、権利の性質（利息か、遅延損害金かなど）の
ほか、その範囲（起算日と終期）、利率及びその根拠（法令の規定か、
約定か）を明確に記載すべきである[55][56]。これを記載することにより、
その機会に、遅延損害金請求における催告等の要件事実に不足がない
かなどを点検、確認し、判断の誤りを防ぐこともできる[57]。

　　もっとも、附帯請求の内容を逐一具体的に記載することが煩さな場
合があるが、訴訟物、利率、起算日等が同じものがいくつもあるとき

---

53　訴訟物を表示するに当たっては、他の訴訟物と区別できるように記載しなければなら
　ない。例えば、損害賠償請求であれば、不法行為に基づくか、債務不履行に基づくか、
　その他の法令に基づくかを明記する必要がある。

54　これに対し、一個の訴訟物である損害賠償請求における損害額の内訳は、原則として
　記載する必要はない。

55　大阪報告252（45）頁、後藤勇「新様式の判決」木川統一郎博士古稀祝賀『民事裁判
　の充実と促進』上巻723頁（判例タイムズ社、1994）

56　附帯請求については必ずしも記載を要しないという見解（東京プラ「在り方」63頁）
　もあるが、附帯請求とはいえ、訴訟物であることに変わりはなく、原則として本文の見
　解によるべきであろう。ヒアリングにおいても、多くの裁判官は、附帯請求の内容を具
　体的に記載すべきであるという意見であった。

57　起算日については、「請求」が要件事実である場合にその「請求」があるか、催告後
　相当期間の経過が要件事実である場合にそのことを失念していないかなどを確認する契
　機となる。利率については、平成29年法律第44号による改正前の民法の定める法定利率
　（5％）か、現行民法の定める法定利率（3％）か、同年法律第45号による改正前の商
　法514条所定の商事法定利率（6％）かなどを検討する契機となる。

は、2回目以降の記載をする際に「上記と同様の遅延損害金」などとして重複記載を省く方法や、附帯請求の部分だけを抽出し、後ろにまとめて記載する方法もある。

（記載例）

> (1) 原告らは、被告との間の●●業務委託契約に基づく委任事務の処理のために発生した費用につき、原告X1において120万円を、原告X2において175万円をそれぞれ支払ったと主張し、委任契約に基づく費用償還請求として、被告に対し、上記各金員の支払を求めている。
>
> (2) 附帯請求は、いずれも民法所定の年3％の割合による支払日当日以降の法定利息の請求である。

（記載例）

> 本件は、原告が、被告に対し、請負契約に基づく報酬請求として、①A工事につき150万円、②B工事につき200万円の各支払を求める事案である（遅延損害金は、いずれも民法所定の年3％の割合によるものであり、起算日は各弁済期の翌日である。）。

3 併合態様

訴訟物が複数ある場合、併合態様によって判断の要否、順序が異なるから、どのような併合態様であるか、すなわち、単純併合、選択的併合及び予備的併合のいずれであるかを明確に読み取れるように記載する必要がある。

単純併合の場合には、各請求を「及び」で接続したり、「Aを求めるとともに、Bを求める事案である。」と表現したりすることとなる。選択的併合の場合には、「A又はB」（例：不法行為又は債務不履行に基づき）とするほかに、「AとBは選択的併合の関係にある。」との説明を加える方法もある。予備的併合の場合には、「主位的にA、予備的にB」などと記載する。

併合態様が複雑である場合には、項を分けたり、表題を付けたりするなどして、理解しやすくなるよう工夫することが必要である（以上につき、後記6の記載例参照。）。

4　被告の主張の骨子

被告の主張内容は、「争点及び当事者の主張」欄に記載されるから、これを「事案の要旨」に記載することは原則として不要である。もっとも、請求原因事実は当事者間に争いがなく、抗弁の成否が争点であるような事案では、「前提事実」欄に請求原因事実の全てが記載される結果、「争点及び当事者の主張」欄を読むまで、何が争点なのか予想がつかず、読み手に無用のストレスを与えることとなるから、このような場合には、「事案の要旨」に被告の主張（抗弁）の骨子を記載することが考えられる[58]。ただし、これを記載するとしても、抗弁の名称を表示するにとどめるなど[59]、ごく簡潔に記載するのが望ましい。

5　記載上の留意点

(1)　一文での記載にこだわるべきではない。

現在の新様式判決は、「事案の要旨」について、「本件は、原告が、被告に対し、〜に基づき（〜に基づく〜として）〜を求める事案である。」と記載するものが多いが、複雑な事案でこのスタイルを用いて「事案の要旨」を一文で書こうとすると、長大で読みにくいものになってしまう。無理に一文でまとめる必要はなく、複数の文に分けたり、箇

---

58　矢尾ほか「現状と在るべき姿」47頁
59　「被告は錯誤による取消しを主張している。」、「被告は消滅時効を援用している。」などと記載することが考えられる。

条書きを用いたりして、分かりやすい記載を心掛けるべきである[60]。ヒアリングにおいても、多くの裁判官が、「事案の要旨」を無理に一文で記載したために読みにくくなっている判決書がみられるとして、一文で記載することにこだわることなく、読み手が理解しやすい記載方法を工夫する必要があると指摘した。

(2) 必要に応じて事案を把握しやすくなる記載を加えるべきである。

原告と被告との人間関係等（原告は被告の子である、被告は原告会社の従業員である、原告は賃貸人、被告は賃借人であるなど）が「事案の要旨」に簡潔に記載されていれば、事案の背景の把握が容易になることがある。また、「事案の要旨」にこうした事情を記載すると、訴訟物を記載する文が簡潔になり、分かりやすくなることも多い（参考判決書3参照）。ただし、これらの記載は長々とすべきではない[61]。

(3) 略語の定義付けは、必ず初出時にしなければならないものではない。

「事案の要旨」の中で略語の定義付けをしようとすると、記載が長くなり、読みにくくなることがある。かといって、記載が長くなるのを避けようとして、例えば、「本件は、原告が、被告に対し、被告との間で締結した賃貸借契約（以下「本件賃貸借契約」という。）に基づき、～求める事案である。」のような表現にすると、「本件賃貸借契約」は、原告と被告との間で締結された賃貸借契約という点でしか特定されていないことになってしまい、これも必ずしも適切とはいえない。

---

60 「本件は、～事案である。」と記載する方法には、複雑な事案になると一文が長くなってしまいがちであるという問題点のほかに、「事案」との用語が多くの当事者本人にとってなじみのない表現であるという問題点もある。大阪報告や東京報告では「原告は、被告に対し、～と主張して、～を求めている。」などの記載方法も用いられていたことから、この記載方法を活用し、また、複雑な事案では複数の文に分けることが考えられる（参考判決書1、3、4、5、8参照）。

61 なお、前提となる事実関係の説明なしに訴訟物を記載するのが極めて困難な事案などにおいて、事案の要旨より先に前提事実を掲げる方が理解しやすい事案もないわけではない（ただし、非常にまれなケースである。）。

そこで、このような場合には、用語の定義付けは「事案の要旨」の中では行わず（「事案の要旨」に「賃貸借契約」が2回以上出てくる場合でも、2回目以降は「上記賃貸借契約」などとしておけばよい。）、「前提事実」欄等の中で行う方が望ましいと考えられる（参考判決書7参照。なお、後記6の「事案の要旨」の記載例では、「事案の要旨」の中で定義付けを行う方法と、「前提事実」欄等の中で用語の定義付けを行うことを前提として「事案の要旨」の中では定義付けを行わない方法の両方を挙げている。）。

(4)　「事案の要旨」は「事案の概要」欄の冒頭にあるが、だからといって、判決書作成の際に真っ先に書かなければならないわけではない。

　　判決書の全体像が見えていない段階では、「事案の要旨」を書こうとしても難しいことがある。そのような場合、「争点及び当事者の主張」欄や「判断」欄の概略を起案した後に、再度「事案の要旨」の記載内容を検討すれば、記載すべきことを整理しやすくなり、他の構成要素とも矛盾のない記載をすることができる。ヒアリングでは、判決書全部を作成した後、最後に事案の要旨部分を推敲し、記載に過不足がないかを確認するようにしているとの紹介があった。

6　記載例[62]

(1)　基本型

●　本件は、原告が、被告に対し、請負契約に基づき、報酬400万円及びこれに対する支払期日の翌日である令和○年○月○日から支払済

---

[62] 大半の記載例において「本件は～事案である。」との記載方法を採用しているが、「原告は、～を求めている。」との記載方法を用いることも考えられる点については、前掲注60参照。

みまで民法所定の年３％の割合[63]による遅延損害金の支払を求める事案である。

● 　原告は、被告に対し、請負契約に基づき、報酬４００万円及びこれに対する支払期日の翌日である令和○年○月○日から支払済みまで民法所定の年３％の割合による遅延損害金の支払を求めている。

(2) 　一部請求

● 　本件は、原告が、被告から暴行及び脅迫を受けたとして、被告に対し、不法行為に基づく損害賠償として、５００万円のうち１００万円及びこれに対する不法行為の日である令和○年○月○日から支払済みまで民法所定の年３％の割合による遅延損害金の支払を求める事案である。

(3) 　併合請求

　ア 　単純併合

● 　本件は、原告が被告に対して次の各請求をする事案である。

① 　賃貸借契約の終了に基づく建物の明渡し

② 　前記①の賃貸借契約に基づく家賃等３２万円及び同契約終了の日の翌日である令和○年○月○日から上記建物の明渡済みまで１か月１０万円の割合による約定損害金

● 　本件は、原告が、被告Ｙ１に対しては貸金返還請求として、被告Ｙ２に対しては保証債務履行請求として、１０００万円及びこれに対する弁済期の後の日である訴状送達の日の翌日（被告Ｙ１につき令和○年○月○日、被告Ｙ２につき同月○日）から各支払済みまで約定の年１４．６％の割合による遅延損害金を連帯して支払うことを求める事

---

63 　記載例は、現行民法に基づくものである。なお、平成29年法律第44号による改正前の民法を適用すべき事案の場合、「民法（平成29年法律第44号による改正前のもの）所定の年５分の割合」などと、同じく旧商事法定利率の場合、「商事法定利率（平成29年法律第45号による改正前の商法514条所定のもの）年６分の割合」などと記載することになる。

案である。

● 本件は、別紙物件目録記載の土地（以下「本件土地」という。）の所有権の帰属をめぐる事案である。

第1事件原告（第2事件被告。以下「原告X1」という。）は、第1事件被告（以下「被告」という。）に対し、所有権に基づき、本件土地についてされた別紙登記目録記載の抵当権設定登記（以下「本件抵当権設定登記」という。）の抹消登記手続を求めている（第1事件）。

第2事件原告（以下「原告X2」という。）は、原告X1に対し、本件土地を原告X2が所有することの確認を求めている（第2事件）。

イ　選択的併合

● 本件は、被告の従業員であった原告が、上司であるAから、繰り返し同僚の前で書類を投げつけて叱責するなどのパワーハラスメントを受けたことにより鬱病にり患したなどと主張して、被告に対し、使用者責任又は債務不履行（安全配慮義務違反）に基づく損害賠償として、５００万円及びこれに対する不法行為の後の日であり、訴状送達の日の翌日である令和○年○月○日から支払済みまで民法所定の年３％の割合による遅延損害金の支払を求める事案である。

ウ　予備的併合

● 原告は、Aに対して貸金等の債権を有すると主張する者である。Aは、被告に対し、別紙物件目録記載の建物（以下「本件建物」という。）について、令和○年○月○日財産分与を原因とする所有権移転登記手続をした。

本件は、原告が、被告に対し、主位的には、上記財産分与は通謀虚偽表示であるとして、Aに代位して、所有権に基づき、上記登記の抹消登記手続を求め、予備的には、詐害行為取消権に基づき、上記財産分与の取消しと上記登記の抹消登記手続を求める事案である。

(4)　反訴がある場合

● 原告は、被告に工作用機械を売却する売買契約に基づき、被告に対

し、代金２０００万円及びこれに対する弁済期の翌日である令和○年
○月○日から支払済みまで民法所定の年３％の割合による遅延損害金
の支払を求めている（本訴）。

　被告は、発注どおりの台数を原告が納品しなかったため、販売機会
を喪失して７０００万円の損害を被ったと主張して、原告に対し、債
務不履行に基づく損害賠償の一部請求として２５００万円及びこれに
対する反訴状送達の日の翌日である令和○年○月○日から支払済みま
で民法所定の年３％の割合による遅延損害金の支払を求めている（反
訴）[64]。

(5)　法定訴訟担当

● 　本件は、株式会社Ａ（以下「破産会社」という。）の破産管財人で
ある原告が、被告に対し、破産会社と被告との間の継続的売買契約に
基づく売掛金２５０万円及びこれに対する最終の弁済期の翌日である
令和○年○月○日から支払済みまで民法所定の年３％の割合による遅
延損害金の支払を求める事案である。

● 　本件は、○○市所在のマンション「Ｘ」の管理組合である原告が、
被告が権原なく上記マンションの共用部分である別紙物件目録記載の
建物（以下「本件建物」という。）を占有していると主張して、被告
に対し、上記マンションの区分所有者らの所有権に基づき、本件建物
の明渡しを求める事案である。

(6)　債権譲渡、相続等を経ている場合

● 　債権譲渡

　被告のＡ銀行に対する借受金債務について、Ｂは、被告の委託を受
けて保証し、これに基づいて代位弁済した。

　本件は、原告が、Ｂの被告に対する求償権を譲り受けたとして、被

---

64　この記載例は、当事者欄の中で、「本訴原告兼反訴被告」を「原告」、「本訴被告兼反
　訴原告」を「被告」というとの定義付けが既になされているため、「事案の要旨」では
　定義付けを要しないことを前提としている。

告に対し、求償金２００万円及びこれに対する求償権を譲り受けた日の翌日である令和○年○月○日から支払済みまでＢと被告との保証委託契約における約定の範囲内である年１４％の割合（年３６５日の日割計算）による遅延損害金の支払を求める事案である。

● 相続

原告と被告は、いずれも亡Ａ（以下「被相続人」という。）の子であり、その相続分は各２分の１である。

本件は、原告が、被相続人所有の別紙物件目録記載の土地（以下「本件土地」という。）を被告が売却しその代金１０００万円を受領したことにより、被相続人が民法６４６条１項に基づき同額の受領金引渡請求権を取得し、原告がその２分の１を相続したと主張して、被告に対し、５００万円及びこれに対する訴状送達の日の翌日である令和○年○月○日から支払済みまで民法所定の年３％の割合による遅延損害金の支払を求める事案である。

(7) 訴訟承継等があった場合

● 当然承継（相続）

原告らは、訴訟承継前の原告である亡Ａの相続人であり、その相続割合は、原告Ｘ１（妻）が２分の１、原告Ｘ２及び原告Ｘ３（いずれも子）が各４分の１である。

本件は、原告らが、被告らに対し、亡Ａは被告Ｙ１から出資金名目で合計２０００万円を詐取されたと主張して、被告Ｙ１に対しては不法行為に基づき、被告Ｙ２株式会社に対しては使用者責任に基づき、原告Ｘ１は１０００万円及びこれに対する最終の不法行為の日である令和○年○月○日から支払済みまで民法所定の年３％の割合による遅延損害金の連帯支払を、原告Ｘ２及び原告Ｘ３は各５００万円及びこれに対する上記と同様の遅延損害金の連帯支払をそれぞれ求める事案である。

● 参加承継（係争物譲渡、原告脱退）

本件は、承継参加人（脱退原告から建物を譲り受けた。）が、被告に対し、所有権に基づき、建物の明渡し及び参加申出書送達の日の翌日である令和○年○月○日から明渡済みまで1か月5万円の割合による賃料相当損害金の支払を求める事案である。

● 引受承継（吸収分割、被告脱退）

　本件は、脱退前の被告（以下、単に「被告」という。）が発行した雑誌「○○」令和○年○月号に掲載された別紙1の記事（以下「本件記事」という。）によって名誉を毀損されたと原告が主張して、被告訴訟引受人（以下「引受人」という。）に対し、不法行為に基づく損害賠償として、３００万円及びこれに対する不法行為の後の日である令和○年○月○日から支払済みまで民法所定の年３％の割合による遅延損害金の支払を求めるとともに、原状回復のため、別紙2のとおりの謝罪広告の掲載を求める事案である。

　なお、引受人は、本件訴訟係属中、吸収分割により被告の権利義務を承継したことから、本件訴訟を引き受け、被告は、原告の承諾を得て本件訴訟から脱退した。

(8)　その他の工夫例

● 請求との対応関係を明示

　本件は、原告が、被告との間で雇用契約上の権利を有する地位若しくは取締役としての地位を現に有し、又は業務委託契約に基づく業務受託者であったと主張して、被告に対し、次の各請求をする事案である。

(1)　主位的請求

　　ア　雇用契約上の権利を有する地位の確認（前記第1の1(1)ア（注：「請求」欄の番号に対応している。以下も同じ。））

　　イ　令和○年○月分から○月分までの未払賃金合計９０万円の支払（前記第1の1(1)イ）

　　ウ　令和○年○月分以降の毎月３０万円の賃金及びその各支払期日

-44-

の翌日から支払済みまで民法所定の年3％の割合による遅延損害
金の支払（前記第1の1(1)ウ）

(2) 予備的請求1

ア　取締役たる地位の確認（前記第1の1(2)ア）

イ　令和○年○月分から○月分までの取締役報酬残金合計90万円
の支払（前記第1の1(2)イ）

ウ　令和○年○月分以降の毎月30万円の取締役報酬及びその各支
払期日の翌日から支払済みまで民法所定の年3％の割合による遅
延損害金の支払（前記第1の1(2)ウ）

(3) 予備的請求2

正当な理由のない取締役解任（会社法339条2項）又はやむを
得ない事由のない業務委託解除（民法651条2項）に基づく損害
賠償金400万円及びこれに対する訴え変更申立書送達の日の翌日
である令和○年○月○日から支払済みまで民法所定の年3％の割合
による遅延損害金の支払（前記第1の1(3)）

● 被告の主張の骨子を記載

本件は、原告が、被告に対し、貸金の返還請求として、残元本
800万円及びこれに対する支払期日後の日（訴状送達の日の翌日）
である令和○年○月○日から支払済みまで民法所定の年3％の割合に
よる遅延損害金の支払を求める事案である。被告は、消滅時効を援用
して争っている。

第2　前提事実（争いのない事実等）[65]

　1　意義

　　「事案の概要」欄のうち「前提事実」欄は、当事者間に争いがないか、争いがあっても証拠等により容易に認定できる事実を適宜抽出して、「争点及び当事者の主張」欄に進む前に、紛争の前提、背景ないし基礎を明らかにすることによって、「事案の要旨」と相まって、当該事件がどのような類型の事件であり、その中心的争点[66]が何であるかについての理解を容易にしようとするものである。

　2　摘示すべき事実

　(1)　主要事実及び重要な間接事実

　　　「前提事実」欄には、前記1で示したその役割を踏まえると、当事者間に争いがないか、又は証拠等により容易に認定できる事実のうち、主要事実及び重要な間接事実をその中核として摘示すべきことになる[67]。

　　　当事者間に争いのない事実や、証拠等により容易に認定できる事実は、通常数多く存在する。しかし、中心的争点が何であるかについての理解を容易にするという「前提事実」欄の役割からすれば、当事者

───────────────

65　「前提事実」欄の表題について、前掲注47参照。
　　表題に続く記載としては、「以下の事実は、当事者間に争いがないか、後掲の証拠及び弁論の全趣旨により容易に認められる。」、「以下の事実は、証拠を掲げた（付記した）ものを除き、当事者間に争いがない（か、又は弁論の全趣旨により認められる）。」などが用いられる。「前提事実（争いのない事実、顕著な事実並びに掲記の証拠及び弁論の全趣旨により容易に認められる事実）」、「前提事実（証拠を付記したものを除き、争いがないか、又は弁論の全趣旨により認められる。）」などと記載するものもある。
66　「中心的争点」とは、一般に、結論を導く上で重要な争点の意味で用いられ（起案の手引91頁）、本報告でも同様である。この「中心的争点」は、単に「争点」と表現されることもあるが、単なる「争点」という語は、形式的には争いがあるが証拠等により容易に認定することができる事実（東京報告では「軽微な争点」と表現されている。）についても用いられることがあるなど、多義的であるので注意が必要である。
67　東京報告384（13）頁

間に争いのない事実や、争いはあるものの証拠等により容易に認定できる事実であっても、中心的争点との関係が薄い事実は、基本的には記載すべきではない（ただし、後記(2)参照）。

　また、当事者間に実質的に争いがある事実は、「前提事実」欄において簡単に認定すべきではない。

　主要事実であっても、結果的には判決の主文を導くのに必要な事実とはならなかったものは、「主文が正当であることを示すのに必要な主張」（民訴法253条2項）には当たらない。もっとも、当事者が相当に力を入れて主張し、証拠調べも行われた場合、そのような主要事実であっても、当該争点については「争点及び当事者の主張」欄に記載されるのが相当であると考えられるから、その内容の理解に資する事実は、「前提事実」欄に記載することが望ましい。例えば、請求原因事実である売買契約の締結について争われ、抗弁として債務不履行解除が主張された事案で、結論として請求原因事実を認めない場合、債務不履行解除の要件事実は判決の主文を導くのに必要とはいえない。しかし、売買契約締結の事実が認定できるか否かが微妙であって、抗弁である債務不履行解除についても相当程度主張立証がされた事案では、抗弁の基礎となる事実で争いのない事実（解除の意思表示等）をごく簡単に前提事実として記載することが考えられる。

(2)　事案及び当事者の主張の理解に資する事実

　次に、前記のような「前提事実」欄の意義からすれば、主要事実又は重要な間接事実とはいえない事実であっても、事件の全体像や紛争がどのようなものであるかを理解するために不可欠な事実も、「前提事実」欄に記載することが望ましい。ただし、真にそのような事実であるかどうかは、きちんと吟味する必要がある[68]。

---

68　事実経過を時系列にまとめたメモを作成することは、充実した審理をするために有益なことであるが、これに記載した事実を本文に記載したような吟味をしないでそのまま「前提事実」欄に記載するのは避けるべきである。

このような事実の例として、当事者の属性や当事者相互の関係、先行する紛争の内容、分離前相被告に対する訴訟の帰すう等を挙げることができる。

（記載例）参考判決書1

| | |
|---|---|
| 2　前提事実（証拠等を掲記した事実以外は、当事者間に争いがない。） | |
| ⑴　原告の母であるB（昭和21年生まれ）と父である亡A（昭和22年生まれ）とは、昭和47年に婚姻し、昭和48年に長男である原告をもうけた。（甲2） | 紛争理解のための当事者の属性 |
| ⑵　亡Aは、●市●区□□所在の土地を購入して建物（以下「□□の建物」という。）を建て、B及び原告と共に住んでいたが、昭和50年頃、□□の建物を出る形で別居し、遅くとも昭和53年頃から、被告（昭和30年生まれ）と同居して生活するようになった。（乙2、3、被告本人及び弁論の全趣旨） | 紛争理解のための当事者の属性、当事者相互間の関係、重要な間接事実 |
| ⑶　亡Aは、平成10年8月、本件居室（●市▲区内にあるマンションの一室）を購入し、同年12月頃以降、本件居室において被告と同居して生活していた。 | 重要な間接事実、原告所有に関する主要事実 |
| ⑷　令和2年5月1日、亡Aは死亡した。亡Aの相続人は原告及びBであったところ、同年8月31日、遺産を全て原 | 原告所有に関する主要事実 |

| | |
|---|---|
| 告が相続する旨の遺産分割協議が成立した。（甲3及び弁論の全趣旨） | |
| （5） 被告は、亡Aの死亡後も本件居室に居住している。 | 被告占有の主要事実 |

3 記載上の留意点

（1） 当事者との認識共有

　証拠及び弁論の全趣旨により容易に認められる事実として「前提事実」欄に記載することができるか否かについて、裁判所と当事者との間で認識に食い違いが生じないよう留意しなければならない。そのような食い違いを防ぐためには、争点整理の過程で当事者と上記の点について議論し、認識を共有しておく必要がある[69]。そして、当事者と議論をし、認識を共有するに至った結果は、必要に応じて調書に記載して確認すべきである（民訴法165条1項、170条5項、177条参照）[70]。

（2） 盛り込む事実の範囲

　争点が規範的要件に関する事項である場合、評価根拠事実及び評価障害事実のうち、当事者間に争いがない事実及び証拠等により容易に認定できる事実だけを「前提事実」欄に記載するのでは、事実が細切れになって、それを読んだだけでは内容が理解しにくいものになる場合もある。そのような場合、評価根拠事実及び評価障害事実を全て当事者の主張として摘示の上、相手方の認否として「認める。」と記載することも考えられる。

---

[69] 証拠調べの際、当事者は、自らが中心的争点であると考えている点に力を入れて尋問するはずであるから、認識を共有しておかないと、核心に迫った尋問がされず、その結果、真相に迫った事実認定ができなくなってしまう。

[70] 共同提言11頁では「事案の概要の記載が簡潔で分かりやすいものになるためには、その事件の中心的争点がどの点にあるかについて、裁判所と当事者の間でできるだけ突き詰めた認識の一致が得られていることが望ましい。」と指摘されている。小林・前掲注22の10頁、江見「判決書」252頁参照。

当事者間に争いのない事実又は証拠等により容易に認定できる事実であっても、推認力の乏しい間接事実や補助事実、争点や主張の理解と関連しない事実や事情は、「前提事実」欄に記載する必要はない。これらの事実を広く記載すると、かえって事案の内容や中心的争点を把握することが困難になる上、判断部分における「認定事実」欄との重複記載も多くなってしまう。ヒアリングにおいても、多くの裁判官が、「前提事実」欄の目的からして、「争点及び当事者の主張」欄まで読んだ後でないと位置付けや記載の目的・意味が分からないような事実は「前提事実」欄に記載すべきでないと指摘した（「認定事実」欄に記載する事実との振り分けについては、後記第2節第2の1(3)参照。）。

（記載例）

---

2　前提となる事実（証拠を掲げた部分以外は、当事者間に争いがない。）

(1)　原告は、○○を目的とする株式会社であり、被告は、●●を目的とする株式会社である。

(2)　原告は、令和元年7月16日、被告から、・・・の工事（以下「本件工事」という。）を請け負い（ただし、代金の約定については後記のとおり争いがある。）、同年10月5日までに、本件工事を完成して被告に引き渡した。

(注)　「前提事実」欄で、契約の詳細を記載せず、元請人からの受注の時期、金額、原被告間で交わされたメールの内容、原被告間のやり取り等は「認定事実」欄の中で記載する。「（ただし、～については争いがある。）」との表現を活用して、「前提事実」欄の記載を簡略にしている。

---

「前提事実」欄では、原則として「売買契約書（甲○）には、・・・

との記載がある。」のように書証の内容をそのまま書き写したような表現を用いるべきではない。もっとも、契約書等の文書の成立の真正が中心的争点となる場合や文言の解釈等が争いになる場合などにおいて、当該文書の記載内容自体を「前提事実」として掲げる方が当事者の主張を理解しやすいこともある。しかし、その場合でも、文書の記載内容を原文どおり摘示するのは、必要な部分にとどめるべきであり、それ以外の部分は、適宜要約又は省略すべきである。

（記載例）参考判決書4

---

　2　前提事実（当事者間に争いがない事実並びに・・・・・）

　(1)　・・・・・

　(2)　原告は、平成20年2月15日、被告との間で、被告の運営する11か所のショッピングセンター内の清掃業務を行うことを内容とする業務委託契約（以下「本件清掃委託契約」という。）を締結した。その主な内容は、次のとおりである。（甲1、・・・・・）

　ア　清掃の回数

　協議して定めることとされている。本件清掃委託契約締結の際に行われた協議の結果、各ショッピングセンター全体について1日3回、トイレについて1日7回とすることとなった。

　イ　報酬

　協議して定めることとされている。本件清掃委託契約締結の際に行われた協議の結果、基本月額単価を1坪当たり6000円と定められた。

　ウ　契約期間

　平成20年3月14日から平成21年3月13日までの1年間とし、いずれの当事者からも申出がない場合は1年間延長され、その後も同様とするとされている。・・・・・

　エ　解除

---

原告が債務不履行をしたときは、書面により債務不履行状態を是
　正するよう催告するものとし、当該催告後相当期間が経過してもな
　お是正されない場合には、契約を解除することができるものとされ
　ている。

（記載例）参考判決書7

　（3）　火災保険契約（甲34、35）
　　原告は、平成26年3月25日、A火災保険株式会社との間で、
　少なくとも原告建物1及び同建物内の家財について、保険期間を同
　日から平成31年3月25日までとして、次の内容を含む火災保険
　契約（以下「本件火災保険契約」という。）を締結した。
　　ア　保険の対象となる住宅又は家財につき、保険期間中に生じた
　火災等の事故による損害を保険金の支払事由とする。
　　イ　損害が生じたことにより被保険者が損害賠償請求権その他の
　債権を取得した場合において、当会社がその損害に対して保険金を
　支払ったときは、その債権は、次の限度で当会社に移転する。
　　①　当会社が損害の額の全額を保険金として支払った場合は、被
　保険者が取得した債権の全額
　　②　①以外の場合は、被保険者が取得した債権の額から、保険金
　が支払われていない損害の額を差し引いた額

（3）　記載すべき事実の順序
　　「前提事実」欄に記載する事実は、原則として、当事者その他の関
　係者の属性について冒頭に記載した上、その他の事実について、時間
　的順序又は論理的順序に従い、事案を理解しやすいように整理して記
　載する必要がある。
　　その他の事実については、実際には時間的順序に従って記載される
　ことが多いが、例えば、複数の請求が併合されているような場合は、
　時系列にこだわることなく、各請求に関連する事項ごとに摘示する方

が分かりやすくなることもある[71]。

(4) 事実の特定の程度

判決書が公文書であり、当事者の訴訟活動に対する裁判所としての応答である以上、記載内容は正確なものとするよう心掛ける必要がある。

しかし、判断に影響のない事実や固有名詞等を必要以上に詳細に摘示する必要はない（これは、記載が正確かどうかとは全く別の問題である。）。判断に影響がない点について詳細な事実を証拠から逐一確認して記載することに労力を掛けるのではなく、判断部分の説示内容を吟味することにこそ力を入れるべきである。詳細な事実を記載するほど、誤記の可能性を増やすことにもなる。

例えば、建物の特定についてみると、登記手続請求の目的物である場合には、登記どおりに特定する必要があり、明渡請求の目的物である場合には、登記上の記載に加え、図面等も用いて特定する必要がある場合もあるが、建物のリフォーム工事の報酬を請求するような事案では、不動産を厳密に特定する必要はない。

固有名詞をどこまで厳密に記載するか。例えば、「○○電鉄株式会社」については、初出時に「○○電鉄株式会社（以下「○○電鉄」という。）」として、その後は単に「○○電鉄」とする例が多いが、最初から「○○電鉄」として何ら不都合がない場合も多いと思われる。また、預金口座の特定に当たり、必ず「株式会社○○銀行（以下「○○銀行」という。）○○支店の預金口座」などとしなければならないとするのは余りに硬直的である。最初から「○○銀行」とすることで差し支えない場合もあろう。支店名も、同一人物が複数の支店に口座を有しているような場合を除き、記載を要しないことも多いと考えられ

---

71　なお、時間的順序によらない場合などにおいて、事実の位置付けを把握しづらい事案では、小見出しを付けることによって分かりやすい記載になることがある（ヒアリングにおいて、多くの裁判官及び弁護士が指摘した。）。

る。

　当事者や関係者の生年月日の記載は、人事訴訟や相続関係訴訟では必要なことも多いが、それ以外の場合には、その者の年代から推認される知識・経験や、当事者・関係者間の人間関係を考慮する上で有益な情報として認定する必要があるとしても、通常は生まれた年を記載する程度で足りると思われる。

　ヒアリングにおいても、多くの裁判官が、判断の過程とは無関係な事実について詳細に記載することは、判決書作成の労力を増すばかりで意義が乏しい上、誤記の危険もあり、かえって判決書に対する信頼を損ないかねないとして、慎重に考えるべきであると指摘した[72]。

(5)　証拠等の掲記

　争いがない事実と証拠等によって認定した事実とは、区別して記載する必要がある。証拠は、柱書に一括して掲記することで足りる場合もあるが、どの証拠でどの事実を認定したかを明確にするには、個別の事実ごとに括弧書きで掲記する方が望ましい。

　認定証拠を括弧書きで記載する場合において、事実の一部のみに争いがある場合、証拠等で認定した事実の範囲を明らかにすることがある。

（記載例）

> 　Ａは、建築工事等を目的とする株式会社であり、資本金の額は１０００万円である（資本金の額につき、乙○）。

　他方、実務では、事実の一部のみに争いがあり、一部は争いがない場合であっても、事実の範囲を特定することなく、全体について証拠を摘示する方法もみられる。これに倣う場合、前記の例であれば、次

---

72　社会全体のＩＴ化に伴い、今後、判決書が現在よりも広い範囲で利用される可能性が想定されることを考慮すると、必要な範囲を超える情報を判決書に記載することにはこれまで以上に慎重になる必要が出てくる可能性があると考えられる。

のとおり記載することになる。

（記載例）

> 　Ａは、建築工事等を目的とする株式会社であり、資本金の額は
> １０００万円である（乙○）。

　なお、争いのない事実について、争いがない旨を逐一摘示する方法
もあるが、冒頭に「以下の事実は、括弧内に証拠を掲げた事実を除いて、
当事者間に争いがない。」、「以下の事実は、証拠を付記したもの以外
は争いがないか、又は弁論の全趣旨により容易に認められる。」と記
載したり、「前提事実（当事者間に争いがないか、後掲の証拠及び弁
論の全趣旨によって容易に認定できる。）」などと記載しておけば、争
いがない旨を逐一摘示する必要はない。弁論の全趣旨により認定した
事実については、逐一その旨を摘示する例も、摘示しない例もある。

(6)　共同訴訟人間で認否が異なる場合

　　通常共同訴訟において、当事者によって認否を異にする場合がある。
この場合、当事者ごとに争いの有無を区別した上で、争いのある当事
者との関係において当該事実を認定した証拠を記載するのが正確であ
る。

　（記載例）

> 　原告は、令和○年○月○日、本件車両を代金２００万円で被告Ｂ
> に売り、被告Ｂは原告に同額を支払った（被告Ａとの関係で、代金
> の支払につき、甲１、２）。
> （原告と被告Ｂとの間では本件売買契約の締結及び代金の支払につ
> いて争いがなく、原告と被告Ａとの間では、本件売買契約の締結に
> 争いがないものの、代金の支払の有無について争いがあるケースで
> ある。）

4　関係法令の定め

(1)　構造が複雑な法令や、参照することの少ない法令の解釈が争われて

いる場合には、「前提事実」欄とは別に「関係法令の定め」、「法令の定め」などと題する項を設け、関係する条文[73][74]を記載することがある。特に行政事件においては広く行われている。「関係法令等の定め」などと題して、通達等も併せて記載することもある。

(2)　法令の規定上、当該事案と関係しない文言が多く含まれている場合や、他の条文を引用するなどしているため、単純に条文の文言を記載しただけでは意味が分かりにくい場合などには、条文の文言を適宜要約し、「〜旨規定されている。」と記載することも考えられる。なお、関係法令等の分量が多い場合には、別紙にすると読みやすいことが多い。

## 第3　争点及び当事者の主張

### 1　争点

(1)　意義

「争点」欄は、「前提事実」欄記載の事実を基礎として、当該事案の中心的争点、すなわち、主文を導く上で重要な事実上又は法律上の争点[75]を明らかにするものである。当事者間に争いのある事実であっても、格別の反証もなく、証拠及び弁論の全趣旨により容易に認定することができるものは、ここにいう争点ではない。

(2)　争点を摘示するに当たっての留意点

ア　要件事実の理論及び証拠構造に照らした検討

---

73　法令の名称、文言を記載する場合には、正確性に留意する必要がある。近時は、実体法、訴訟法ともに法令の改正が多いため、法令の条項号の番号や文言に改正がないかどうか、誤りがないかどうかを審理のできるだけ早い段階で確認することが望ましい。

74　法改正があった場合、改正法の施行期日及び経過措置に関する規定を確認し、改正前の法令が適用される場合には、改正前の法令を記載する必要がある。

　（例）平成29年法律第44号による改正前の民法

75　起案の手引91頁は、「中心的争点は、主文を導く上で重要な事実上の又は法律上の争点のことである。」とする。「争点」及び「中心的争点」の意義について、前掲注66参照。

民事訴訟において、裁判所は、原告が訴訟物として設定した一定の権利又は法律関係の存否について判断することが求められる。したがって、検討の出発点は、訴訟物の把握である。そして、訴訟物が定まると、要件事実的整理を行い、何が主要事実（立証命題）となるか、また、それぞれの主要事実に関する重要な間接事実や書証としてどのようなものがあるかを整理する。

　このような争点整理手続の中で、主張と証拠とを突き合わせて要件事実的整理を行った結果、証拠等により容易に認定できるものとして当事者と認識が共有されることとなった主要事実又は重要な間接事実が軽微な争点（「事案の概要」欄の中の「前提事実」欄に記載されるべきもの）となり、そうでない主要事実又は重要な間接事実は、「争点及び当事者の主張」欄に記載されることとなる。

　間接事実については、主要事実との関連性が強く、主要事実が認定できるか否かの判断に強い影響を及ぼす事実は重要な間接事実として中心的争点になり得るが、主要事実との関連性が低く、影響力の乏しい間接事実は争点として摘示されるべきではない。この点も、争点整理手続の中で当事者と議論し、認識を共有しておく必要がある。

イ　争点として掲げるべきもの

　事実の存否について当事者間に争いがある場合、その存否自体を争点として摘示すべきであって、原則として、法的評価や法的効果（「不法行為の成否」、「債務不履行解除の可否」など）を争点として掲げるべきではない。証拠から認定できるのは事実であって法的評価や法的効果ではないから、多くの場合、事実を争点として摘示すべきである[76]。ヒアリングにおいても、法的評価や法的効果を争

76　これに対し、事実の存否ではなく、法律の解釈適用自体を争点と捉えるべき事案もある（法律上の争点）。このような事案では、例えば、「〜の条項は消費者契約法10条により無効か」といった法律の適用の有無や解釈を争点として挙げることになる。

点として摘示する判決書は、真の中心的争点が意識されず、審理の焦点がそこに当たっていないために、「判断」欄における事実認定や説示も複数の主要事実について区別なく判断されており、その結果、説得力不足を招いたり、主要事実の摘示が漏れていることに気付かなかったりする危険があるとの指摘があった。

　もっとも、例えば、原告の主張する被告の不法行為の具体的内容全般が争われている場合に、個々の請求原因事実を争点として掲げると、かえって分かりにくいものになってしまうこともあり、判断の道筋に整合しなくなるおそれもある。このような場合には、争点を「不法行為の成否」のように概括的に掲げることもあり得る。また、規範的要件については、評価根拠事実と評価障害事実の全体を総合して規範的評価について判断することとなる性質上、個別の評価根拠事実、評価障害事実の有無を争点として掲げることをせず、端的に「正当事由の有無」等を争点として掲げることが望ましいことも多い。

　それでも、要件事実的整理が不要になるわけではない。争点に関する当事者の主張として、具体的な要件事実についての主張を記載し、どの要件事実の存否が争いになっているかを明らかにすべきである。例えば、「不法行為の成否」の場合であれば、原告の主張として、原告の主張する被告の注意義務の内容やその根拠と被告が注意義務に違反したことを摘示し、被告の主張として、必要に応じて、それに対する被告の具体的反論を摘示することが考えられる。争点として法的評価や法的効果を掲げるとしても、「不法行為の成否」とするよりは、「～における注意義務違反の有無」、「相当因果関係の有無」などと、可能な限り具体的に記載することが望ましい。特に、名誉毀損の事案のように違法性又は責任の阻却事由の有無も争点となる事案では、「不法行為の成否」という争点を掲げることは不相当である。

争点の表題は、できるだけ簡潔で核心を突いたものにすべきである。例えば、当事者間で土地の売買契約が締結に至ったかどうかが争われている事案において、当事者間で問題となっている売買契約が一つしかないというのであれば、「売買契約の成否」、「原被告間で売買契約が締結されたか」といった記載で足りる。そのような記載で不十分な事案であれば、「被告は令和〇年〇月〇日に本件土地を代金〇〇円との約定で購入する意思表示をしたか」といった争点の表題とすることが考えられる。

　争点の表示は、当事者の主張立証責任を意識して行う必要がある。要証事実の反対事実を争点として掲げてはならない。例えば、善意であることが要件事実である場合の争点の記載としては、「善意であったか」、「知らなかったか」とすべきであり、「悪意であったか」、「知っていたか」などとするのは誤りである。

（記載例）

---

3　争点及び当事者の主張
（1）　本件売買契約が虚偽表示に当たるか
（2）　本件売買契約が虚偽表示によるものであることについて被
　　告は知らなかったか

　（注）虚偽表示について善意の第三者であったことを主張する
　　　者は、虚偽表示の事実を知らなかったこと（善意）につい
　　　ての主張立証責任を負う（民法９４条２項）。したがって、
　　　「本件売買契約が虚偽表示によるものであることを被告は
　　　知らなかったか」などと表示すべきであり、これを「知っ
　　　ていたか」と表示することは誤りである。また、争点を
　　　（表題を「本件売買契約の効力の有無」とするなどして）
　　　(1)だけとし、その中で、被告の善意・悪意に係る主張を

---

記載するのも原則として避けるべきである。例外としては、虚偽表示の主張が取るに足りず、被告の抗弁を別立てで記載するまでもないような事案が考えられるが、その場合でも、主張部分の記載ぶりとしては主張立証責任を意識する必要がある。

(3) 記載を省略する攻撃防御方法

　摘示すべき争点の範囲は、当事者の主張を要件事実的に分析し、結論を導く上で必要な争点に関する当事者の主張が何かを検討することで定まる。民訴法253条2項は、主張の摘示は、請求を明らかにし、主文が正当であることを示すのに必要なもので足りるとしている。当事者の主張の全てを判決書に記載することは求められておらず、主文を導き出すために必要な主張を記載すれば足りる。例えば、請求原因が認められないとして請求を棄却する場合は、請求原因のみで足り、抗弁は必要ない。抗弁の一つが認められるとして請求を棄却する場合、当該抗弁とその前提となっている請求原因のみで足り、その他の抗弁は必要ない。争点についても、上記の範囲で摘示することで足りる。

　しかし、主文が正当であることを示すのに必要なものに限り当事者の主張を摘示するということが、実際には常に履践されているわけではない。例えば、請求原因が認められないとして請求を棄却する場合に、抗弁以下の攻撃防御方法も全て摘示することは少なくない。判決書が審理の結果を示すものである以上、本来記載を省略できる攻撃防御方法であっても、当事者双方が主張立証を相当程度行ったものについては、判決書にその概略は記載することが望ましいと考えられる[77]。また、控訴審において原審と異なる心証に至る可能性を考慮し

---

[77]　東京報告375（22）頁。

て記載しておくとの考え方もあり得る[78]。

　ただし、民訴法253条2項の主張に当たらず、本来記載を省略できる点については、概括的な記載とするなど、バランスに留意する必要がある。

(4)　記載の順序、個数、グループ分け

　争点を挙げる順序は、論理的な判断順序を考慮して決める。訴訟物が一つであれば、請求原因、抗弁、再抗弁・・・の順に並べることが多い。抗弁の中では、全部抗弁と一部抗弁とでは前者を先に挙げ、相殺の抗弁は最後に挙げることになろう。請求原因が複数の場合は、請求原因A、これに対する抗弁、これに対する再抗弁、・・・請求原因B、・・・のように、ある請求原因に対する主張の系列を記載した後に、次の請求原因に対する主張の系列を記載する方法と、請求原因A、同B、請求原因Aに対する抗弁、・・・再抗弁のように、請求原因から順に記載する方法が考えられ、事案に応じて検討する必要がある。

　個々の争点の位置付けが分かりにくくなりそうな場合には、「被告は代金を500万円とすることを承諾したか（売買契約の成否）」、「被告はAに代理権を授与したか（主位的請求に係る請求原因）」など、その争点の位置付けを示す記載を付記することも考えられる。

　何が一つの争点かは、基本的には、判断の道筋がどのようなものになるのかという点と表裏の関係にある。複数の争点についてまとめて判断するという手法も事案によってはあり得ないではないが、そのような判断になるのであれば、そもそも別個の争点に分けないことも考えられる。なお、「判断」欄における判断の順序は、「事案の概要」欄中の争点の順序に従うことが多いが、必ずそうしなければならないというわけではない。

---

78　控訴審に対するそのような配慮は不要との見解もある。例えば、遠藤賢治「民訴法および民訴実務が判決書に期待するものはなにか」判タ1222号37頁（2006）の脚注12参照。

争点の数が多い場合は、当事者の主張の摘示に先立ち、まず争点のみを列挙した方が全体像をつかみやすいことがある。

（記載例）

---

第2　事案の概要

〜

3　争点

(1)　本件保証契約に基づく保証債務の範囲（争点1）

(2)　本件保証契約は詐欺により締結されたものか（争点2）

(3)　消滅時効の成否（争点3）

(4)　本件請求は信義則違反か（争点4）

4　争点に関する当事者の主張

(1)　争点1（本件保証契約に基づく保証債務の範囲）について

（原告の主張）

〇〇〇

（被告の主張）

〇〇〇

〜

---

争点が多数ある場合は、請求ごとにグループ分けするなどの工夫が必要である。いくつもの争点をただ列挙しただけだと、全体像を把握しづらい。

（記載例）

---

(1)　本訴関係

ア　本件売買契約の成否（争点1）

イ　契約締結上の過失の有無（争点2）

ウ　原告の損害額（争点3）

(2)　反訴関係

ア　原告のAに対する監督義務違反の有無（争点4）

---

## 2　当事者の主張

### (1)　主張摘示の程度

　　「主文が正当であることを示すのに必要な主張」（民訴法253条２項）
は、主要事実のみを指し、間接事実は含まれない[79][80]。もっとも、争点
整理は実際には間接事実のレベルまで行うべきものであるから、審理
の内容を判決書に反映させるという観点からは、重要な間接事実も記
載する方が望ましいことも少なくない。しかし、その場合であっても、
記載するのは重要な間接事実にとどめるべきであって、細かな間接事
実や補助事実に関する主張、証拠評価に関する主張、相手方の主張に

---

79　コンメンタールⅤ189頁以下、吉川「判決書」136頁、竹下守夫ほか編集代表「研究会
　　新民事訴訟法－立法・解釈・運用」ジュリ増刊334頁以下［青山善充、柳田幸三、福田
　　剛久発言］（1999）。なお、旧民訴法下のものであるが、藤原弘道「事実摘示と間接事実
　　－民事判決の「事実」に間接事実も摘示すべきか」判タ653号４頁（1988）参照。これ
　　に対し、間接事実を含むとするものとして、伊藤眞『民事訴訟法』525頁（有斐閣、第
　　７版、2020）、高田裕成ほか編『注釈民事訴訟法第４巻』1095頁［久保井恵子］（有斐閣、
　　2017）、前掲竹下ほか「研究会」334頁以下［竹下守夫、伊藤眞発言］。

80　「事案の概要」欄に主文を導くために不可欠な主要事実を全て記載することの要否に
　　ついては、積極と消極いずれの考え方もあり得る。すなわち、判決は、要件事実の理論
　　にのっとった当事者の主張の当否を判断して結論を導くものであることから、「事案の
　　概要」欄には、主文を導くために不可欠な主要事実の全てが摘示されるべきであるとす
　　る立場が考えられる。他方で、新様式判決において、「事実」欄と「理由」欄とが統合
　　されて「事実及び理由」欄が採用された趣旨からして、「事案の概要」欄の記載と「判
　　断」欄の記載とを総合して主文を導くのに必要不可欠な主要事実が認定判断されていれ
　　ば足りるのであるから、「事案の概要」欄には、その目的に照らして必要な事実が記載
　　されていればよく、必ずしも、主文を導くために不可欠な主要事実が全て記載されてい
　　る必要はないとする立場が考えられる。共同提言は後者の立場を採用していた。もっと
　　も、前者の立場であっても、全ての主要事実を「事案の概要」欄に完全に漏れなく記載
　　することまで求められているわけではないし、後者の立場に立っても、「事案の概要」
　　欄に主要な要件事実は記載されると考えられるから、具体的な事案における両者の差異
　　はそれほど大きくないと思われる。

対する反論、再反論等や事情に属する主張を記載することは原則とし
て避けるべきである（必要な範囲で、理由説示の中で言及すれば足り
る。なお、逆に「当事者の主張」欄に記載した主張については、その
主張に係る争点の判断自体が不要となる場合を除き、理由説示におい
て言及すべきである。後記第2節第2の4(5)ウ参照。）[81] [82]。

　主張を摘示するのは当事者間に争いのある部分なのであるから、認
否自体を明示する必要は原則としてなく、重要なのは主要事実及び重
要な間接事実に対応する主張（否認の理由）の要点である。もっとも、
単に否認する、又は争うというのに尽きる場合もあることは否定でき
ない。なお、反論を記載する前提として「原告（被告）は、～と主張
するが、」という前置きを書くことは、何についての反論なのかが不
明確にならない限りは不要である。

　ヒアリングにおいては、多くの裁判官及び弁護士が、判決書の読み
手が最も注目するのは「判断」欄、中でも理由の説示であると指摘した。

---

81　「当事者の主張」欄に記載しないとしても、「判断」欄の理由説示においては、結論
に至る判断の道筋を示すために必要な補助事実や証拠評価に関する当事者の主張を適切
に取り上げる必要がある。後記第2節第2の4(5)参照。

82　理由説示において言及する主張は「当事者の主張」欄に記載しておくべきであるとす
る見解もあるが、そのように考える必要はないように思われる。なお、江見「判決書」
251頁は、「新様式判決においても、要件事実の的確な理解とそれに基づく審理が求めら
れることに変わりがなく、事実摘示が不明確であって良い訳はないが、理由を中心に記
載しようとの提言を前提とすると、要件事実の審理上の重要性と判決書への記載とを分
けて考え、要件事実のすべてを事実摘示欄に網羅的に記載すること（これが、旧様式判
決について、記述が平板的で理解し難いとの評価を招いた原因の一つであった。）まで
は必要がなく、新法（引用注・民訴法を指す。）253条2項において、事実は「請求を明
らかにし、かつ、主文が正当であることを示すのに必要な主張を摘示しなければならな
い。」と規定しているのも、旧様式判決における事実の記載の方法と異なることを予定
したものと解して良いであろう。具体的には、裁判所が判断を示す対象を特定するに十
分な程度に要件事実を摘示することで足りよう。」と指摘している。共同提言当初の考
え方をよく示したもので、「当事者の主張」欄の記載の趣旨を考えるに当たって参考に
なる。

また、多くの裁判官が、当事者の主張の記載に関する問題点として、「判断」欄と比べて長すぎるものや、当事者の準備書面を整理することなくそのまま引き写しているものがあることを指摘した。そして、当事者の主張は、主要事実と重要な間接事実を記載すれば足り、その骨子を簡潔に記載すればよいとした[83]。判決書を作成するに当たって力を入れるべきは理由の説示であって、「当事者の主張」欄に詳しい記載をすることに重きが置かれるべきではない。

　なお、主張の摘示に当たっては、５Ｗ１Ｈを意識する必要がある[84]。当事者の主張にはこれらの要素が欠けていることもあるから、争点整理の過程においては、そういった目で、足りない要素の補充を求める必要がある。

(2)　主要事実とそれを基礎付ける間接事実との関係をどのように表すか
　　主要事実に加えて重要な間接事実も摘示するのであれば、両者の関係及び構造が明確になるよう心掛けるべきである。

　（記載例）

---

(1)　業務委託契約の締結
　　原告と被告は、令和２年４月１日、原告が被告の委託を受けて本件業務を行い、毎月末日締めで委託料を請求し、翌月２０日限り被告が原告に委託料を支払うとの内容の業務委託契約を締結した。

---

83　もっとも、ヒアリングにおいて、証拠評価に関する主張であっても、中心的な争点についての決め手になるようなもの、結論に至る分岐点になるようなものであれば「当事者の主張」欄に記載することが望ましいとの意見もあった。また、中心的争点について、例えば契約の成否が問題となる場合における契約書など、重要な書証の成立についての争いの有無が「前提事実」欄又は「争点及び当事者の主張」欄で明らかになっていると、事案の理解が容易になるという指摘もあった。参考判決書２参照。

84　常に必ず５Ｗ１Ｈの全部が網羅されていなければならないわけではない。一つ一つの文において、５Ｗ１Ｈのどの要素が必要か（どれは不要か）を考えながら書く必要がある。

（2） 注文者は被告であること

　　原告との間で本件業務の委託契約を締結したのは、次の点から
　して、被告であって、Ａではない。

　ア　被告代表者は、令和２年３月２０日、原告の担当者に対し、
　　本件業務の委託契約の内容の最終確認をし、被告の担当者の名
　　前を伝えた。

　イ　本件業務の一部は、被告が原告にメールで依頼した。

　ウ　原告は、当初被告宛てに請求書を発行していた。令和２年６
　　月以降、その宛名がＡになったのは、被告の要請によるもので
　　ある。

　エ　本件業務の未払委託料についての協議は、原告と被告との間
　　で行われた。

（3） 主張摘示の順序と方法

　　当事者の主張は、争点ごとに各当事者の主張を対比できるよう摘示
　するのが分かりやすい。

　　争点ごとに掲げる当事者の主張は、主要事実について主張立証責任
　を負う当事者の主張を先に記載すべきである。例えば、抗弁に係る争
　点であれば、原告ではなく、被告の主張を先に記載すべきである。

　　規範的要件については、評価根拠事実と評価障害事実の全体を総合
　して規範的評価について判断することとなる性質上、争点としては、
　個別の評価根拠事実、評価障害事実ではなく、規範的要件を掲げるこ
　とが多い。このような場合は、評価根拠事実を主張する当事者の主張
　を先に記載すべきである（参考判決書６参照）。

　　同じ事実関係に基づいて異なる法律構成をいくつも並べた主張があ
　る場合は、厳密な要件事実的整理に基づけば複数の争点として位置付
　けるべきものであっても、ひとまとめの争点とすることも考えられる。
　ただし、飽くまで例外的な記載方法であることには留意が必要である。

（記載例）

> (2) 原被告間の信頼関係の不破壊等
>
> （被告の主張）
>
> 　　原告と被告との信頼関係は破壊されるに至っていない。そうとはいえないとしても、原告が被告に対して本件建物の明渡しを求めるのは、信義則違反又は権利濫用として許されない。その根拠は、次のとおりである。

　争点ごとに当事者の主張を対比しようとしたときに、いずれかの主張がうまく書けないときは、双方の主張がかみ合っておらず、当事者の少なくとも一方は、そこを争点とは考えていない可能性がある。つまり、その争点は、裁判所と当事者との共通認識になっていないのかもしれず、注意が必要である。

3　在来様式判決との混合型

(1)　活用局面

　　実際の訴訟においては、当事者が裁判所の求釈明に対して適切に対応しなかったなどの理由で争点が明確に形成されないまま口頭弁論の終結に至ることもある。新様式判決は、争点に対する判断を核とするものであるから、そのような事案においては、新様式判決そのものではうまく書けない。

　　新様式判決では書きづらい場合、在来様式判決で書くことも考えられるが、当事者にとっての分かりやすさを重視すれば、部分的にでも新様式判決の要素を取り込む工夫をすることが有益である。

(2)　新様式判決の要素の取り込み方

　ア　事案の要旨

　　事案の要旨は、設けた方が分かりやすいことが多い。

　イ　前提事実

　　当事者間の関係などの基本的な事実関係で、当事者間に争いがな

いといえるものや、登記、戸籍等の客観的証拠から確実に認定できるものは、先に出ていた方が分かりやすい。

　ウ　当事者の主張

　　争点ごとに各当事者の主張を対比できるよう摘示することは断念するとして、例えば、被告が口頭弁論期日に欠席し、請求原因を争う旨の記載のある答弁書の陳述が擬制され、弁論を続行したが、被告が続行期日に出頭せず、弁論を終結した場合には、「原告主張の請求原因」という項と、「被告の応訴状況」という項を立てることが考えられる（このような場合で原告の請求が容易に認められるような事案では、事案の要旨や前提事実を記載しないことも考えられる。）。

　　被告が、原告の主張は荒唐無稽なものであるとの認識に基づき、簡単な認否及び反論にとどまった場合には、「原告主張の請求原因」という項と、「被告の認否及び反論」という項を立てることが考えられる。

　　一連の事実経過に関して当事者双方が異なる内容を主張しているが、双方の主張が十分にかみ合っているとはいい難いような場合、当事者双方の主張を摘示した後に、そこから抽出される争点を記載するという方法も考えられる。

4　争点整理案等の利用

(1)　争点整理案[85]

　　争点整理段階で当事者双方の主張を争点整理案として一つの文書にまとめることがある。

　　このような争点整理案を作成する目的は、裁判所と当事者との間で争点に関する共通認識を得ることにより、各争点ごとにメリハリのある審理を実現することのほかに、判決書の一部を前倒しして作成する

---

85　主張整理案、争点整理書面等の名称が用いられることもある。

ことにより、必要な検討の漏れを未然に防ぐということもある。

　実際の判決に先立ち、その準備段階のものを当事者が目にすることによって、当事者の主張の摘示がより適切な内容になり、不意打ちを避けることも期待できるなど、争点整理案を作成して当事者と共有することには有益な面が多い。特に、複雑な事案であればあるほど、裁判所と当事者の理解が食い違うことも多くなるため、尋問前に争点整理案を作成する必要性が高い。

　争点整理案の形式は、判決書と同じ形式のもののほか、後記(2)の各種一覧表、双方の主張を左右で対照するもの、ブロック・ダイアグラムを文章化したメモ程度のものもある。

　その作成方法としては、裁判所が作成した上、当事者の意見を聴いて修正する場合や、当事者がそれぞれ自分の主張を入力した上で裁判所が調整する場合があり[86]、ほかにもいくつかのバリエーションがある。また、実例は多くないが、当事者が要約書面（民訴法165条2項等）を提出し、それを利用することも考えられる。

　作成した争点整理案については、当事者の意見を聴いた上で調書に添付した上、しばしば判決書を作成する際に活用されている。

　他方、比較的単純な事案では、期日での口頭議論を通じて中心的争点とこれに関する証拠構造についての認識を三者間で共有できるのであれば、争点整理案を作成するまでもない場合も多いであろう。争点整理案の作成には、簡単なものであっても、それなりの労力を要するから、事案をよく見極めて、争点整理案の作成・共有が合理的かを判断すべきである。また、作成する場合でも、判決書と同形式の争点整理案にこだわる必要はない。事案によっては、メモ程度のものであっ

---

86　もっとも、裁判官と代理人の立場の違いもあり、裁判官の立場において必要かつ十分と考える主張を代理人にまとめてもらうのは、困難を伴うことも多い。そのため、争点を整理しようとしたつもりが、かえって争点を増やす結果になってしまうことにならないように留意する必要がある。

ても、当事者との認識共有と誤解発見のためのツールとしての役割を果たし得る。精密な争点整理案を作成することが自己目的化しないよう注意が必要である。必要以上に詳細なものになることを避けるための一方策としては、各争点に関する主張ごとに訴状や準備書面における該当箇所を挙げた上で、その骨子を摘示したものであることを明記することが考えられる。

当事者から争点整理案に対する追記を希望された場合、直ちに希望どおりに追記を認めるのではなく、追記の大まかな内容、方向性、既に争点整理案に記載された主張との関連性や、追記の申出があった点についての客観的証拠の有無などを聴取して協議することが望ましい。

(2) 各種一覧表

専門訴訟において、例えば、建築事件における契約不適合、割増賃金請求事件における労働時間や賃金額のように、裁判所と当事者とが協働して、一覧表形式で主張を整理し、裁判所の判断も必要に応じてその一覧表に記入するという取扱いが定着しているものがある。争点整理手続の中で作成された一覧表を判決書の別紙として用いることは、主要事実が多数になりがちな事案で、主張の対立や書証の存否等を概観しやすく、事案を把握しやすくする。

それ以外の事案においても、単に文章形式で摘示するのではなく、一覧表に整理することによって、紛争の全体像や主張の対立点などが理解しやすくなるものが多々ある。事案に応じて、一覧表の活用を考えるべきである。

判決書に添付する一覧表を作成する場合、訴訟物や要件事実を念頭に置いて、一覧表にどのような項目を設けるか検討する必要がある。要件事実を整理し、情報を一覧的に把握する必要がある要件事実を確認した上で、ふさわしい項目を設けることが肝要である。名誉毀損など複数の要件事実のそれぞれが争点となり得る事案や、多数の行為が

問題となる事案では、要件事実を念頭に置きながら適切な項目を設定しないと、かえって審理に必要な情報が錯綜し、判決書としての分かりやすさを損ないかねない。一覧表の作成を単純に当事者に委ねるのではなく、一覧表の作成開始前にその項目立てや記載事項について裁判所が当事者と協議し、具体的な提案や依頼をしておくことや、適切な一覧表のひな型の電子データを裁判所で準備し、当事者に提供すること、作成後もその記載内容を点検することが必要である。

当事者に一覧表への入力を依頼する際には、一覧表には要点のみを記載し、詳細な主張は準備書面に委ねること、主要事実と重要な間接事実を中核として、それを基礎付ける書証も必ず記入することを要請し、一覧表の目的や記載の分量の想定を当事者と共有しておくことが有益である[87]。

当事者は、一覧表の作成作業を通じて、主要事実や重要な間接事実、証拠構造を改めて検討することになる。そして、そのような作業を経て作成された一覧表を三者間で共有すると、事案の見通しが共有されるため、その後の訴訟手続が円滑に進みやすくなる。

なお、当事者が入力した一覧表を判決書の別紙として用いる場合には、判決書本文の用語との統一や、判決書に用いるには不適切な表現を訂正するといった作業が必要となる。

5　準備書面の電子データの利用

(1)　当事者に提出を求める根拠及び実務上の取扱い

裁判所は、判決書の作成に用いるために、当事者に準備書面等の電子データの提出を求めることができる（民訴規則3条の2）[88]。これに

---

87　民事訴訟手続のIT化の進展に伴い、三者間での迅速な情報共有と双方向での情報編集を進めることが容易になってきたことから、今後、一覧表の活用がより一層進むと考えられる。事件類型ごとに適切な項目を設けた一覧表のひな型の策定と活用方法の考案に向けて、各裁判体や部、裁判所の垣根を超えた議論の促進が望まれる。

88　前記第1章第4の5(1)参照

より、大部の準備書面のほか、当事者が多数の場合の当事者目録、表計算ソフトを利用した計算書等が提出されることが多くなっている。

(2)　ＩＴツールの活用

　　令和2年から開始された、ウェブ会議等のＩＴツールを活用した争点整理の新たな運用（フェーズ1）においては、裁判所と当事者が、クラウド上で電子データを共有することが可能となった。これにより、準備書面等のデータを提出する際の当事者の負担が減少し、裁判所はより容易に当該データを取得できることになる。

　　「民事訴訟法第百三十二条の十第一項に規定する電子情報処理組織を用いて取り扱う民事訴訟手続における申立てその他の申述等に関する規則」（令和4年最高裁判所規則第1号）の施行に伴い、準備書面等について民訴法132条の10に基づく電子提出が可能となることから、準備書面等のデータの利用は更に容易になることが期待される。

(3)　データ利用のメリット・デメリット、注意点

　　判決書の作成に当たり、準備書面等のデータを利用することができると、文字の入力作業は削減され、省力化が図られる。

　　他方、準備書面等のデータを漫然と利用して判決書を作成すると、冗長なものになりがちである。原文の誤記や違算をそのままにしてしまうおそれもある。原告の主張と被告の主張との間で記載のバランスが悪くなったり、対応関係が不明になったり、用語が不統一になったりするおそれもある。裁判所が作成する文書としての判決書に記載するものとしては不適切な表現をそのまま記載してしまうこともある。

　　ＩＴ化の進展により、今後、判決書作成に当たり、準備書面等のデータを利用することはますます増えることが予想されるところであるが、上述のとおり、デメリットもある。データを貼り付けて終わりということはあってはならず、全体の骨格を構築した上で、その骨格に従って、主要事実と重要な間接事実を抽出すべきである。判決書全体を通じての用語の統一や、判決書には不適切な表現の訂正といった

作業も必要である。判決書は、裁判官が作成する文書なのであるから、裁判官が責任を持てる内容となっているかという観点が重要である。

# 第2節　当裁判所の判断

第1　総論

1　「判断」欄の位置付け

　「事案の概要」欄の記載を受けて裁判所の判断を説示する欄（かつて
は「争点に対する判断」と表記する例が多かったが、現在では「当裁判
所の判断」とする例が多い。前掲注49参照。）は、当該事件における裁
判所の判断過程を示す部分として判決書の中核を構成し、読み手が最も
関心を持つ部分であって、この部分の質の優劣が判決書全体の質の優劣
に直結するものといえる。判決書の作成に当たっては、「判断」欄をい
かに記載するかという点に特に注力し、この部分で主文に至る判断過程、
すなわち裁判所の思考過程をしっかりと示すことが必要である。

　「判断」欄においては、一般的に、判断の前提となる事実を確定した
上で、その事実に法律その他の規範を適用し、これによって得られる結
論を示すことにより、主文に至る判断過程を示すこととなる（必要に応
じて、当てはめるべき規範を示すこともある。）。すなわち、事実を認定
することができる場合については、証明を要しない事実（民訴法179条）
を除き、いかなる証拠によってどのように認定したかを明らかにする。
事実を認定することができない場合については、どのような理由で認定
することができないかを明らかにする。その上で、それらの事実認定に
ついての判断を前提に、いかなる規範を適用したかを示して、主文を導
き出した過程を論理的な順序を追って明らかにすることとなる[89]。

　もっとも、以上の説示をするに当たっては、判断を示すべき争点につ
いて、当事者との間に認識の食い違いが生じていないことが大前提とな
る。この前提を欠いている場合には、当事者にとって肩透かし、不意打

---

89　コンメンタールⅤ191頁

ちの判断となってしまうおそれがある。そのような事態を防止するためには、争点整理の過程において、裁判所と当事者との間で、十分に意見交換を行い、争点に関する認識を共通のものとしておくことが重要である（後記第4章第1の1参照）。

2　「判断」欄に記載する内容の概要

　共同提言前の一般的な在来様式判決においては、「理由」欄において、「事実」欄に記載された論理的構造に従って、請求原因、抗弁、再抗弁等の順番により、個々の事実の存否を確定し、そのようにして確定した事実に法規を適用して、請求の理由の有無を判断していた（前記第1章第4の2(2)参照）。

　これに対し、新様式判決においては、まず、判断の前提となる事実のうち、争いのない事実や証拠等により容易に認定できる事実は、基本的に「事案の概要」欄の「前提事実」欄に摘示し（ただし、争いのない事実等の全てを同欄に摘示するわけではない。前記第1節第2の3(2)参照。）、その余の争いがある事実に関する判断は、「判断」欄において示すこととなる。その際、認定事実とこれに関する具体的証拠との結び付きや、間接事実から主要事実への推認過程における経験則をできるだけ明確にしながら、丁寧に記載すべきである。もっとも、争いがある事実であっても、「判断」欄において必要となる記載の程度には、その重要度に応じて差異が生ずる。形式的には争いがある事実であっても、当事者が積極的に争っているとはいえないようなものについては、主文が導かれる論理的過程を明らかにするのに必要な限度で簡潔に判断がされていれば足り、場合によっては、「前提事実」欄で認定してしまう方がよいこともある（前記第1節第2の2(1)参照）[90]。

　事実認定についての記載の次に、これを前提として、最終的な結論に

---

90　ただし、そのような事実については、本来的には、争点整理の過程で争点から落としておくことが望ましい。少なくとも裁判所としては実質的な争点とは認識していないことを明らかにしておくべきである（前記第1節第2の3(1)参照）。

至る過程を記載することとなる。その際、事実認定についての記載から結論が容易に導ける場合も多いが、そうではなく、結論に至る過程を説明する記載が不可欠な事案も少なからずある。この点の見極めを誤り、本来必要な説明を記載せずに結論を示すことは避けなければならない。

　このように、「判断」欄で説示すべき内容は事案により異なる。したがって、判決書の適切な分量も事案により定まるものであり、一律の目安が定められるわけではない。それでも、記載すべきものを記載し、記載が不要なものを記載しないということを意識すれば、争点が一つか二つ程度の通常の単独事件では、多くの事案でおのずと一定の分量に収まることが想定されよう[91]。

3　「判断」欄の記載を意識した審理
　(1)　「判断」欄の記載内容については、通常、争点整理を終える段階で概括的なイメージを持つことができるようになっているはずのものであり、そのような争点整理を行うよう心掛けるべきである。また、争点整理に続く証拠調べにおいては、「判断」欄の具体的な記載内容や記載の程度を意識しながら手続に臨み、適切な訴訟指揮や補充尋問[92]を行うことが必要であり、そのような証拠調べを行うよう心掛けるべきである。繰り返しとなるが、争点の設定も含め、判決書は審理の結果が反映されるものであり、適切な判決書を作成するためには適切な審理を行うことが前提となることを常に意識して、争点整理及び証拠調べを行う必要がある。
　(2)　判決書の作成全般について、早い段階から判決書を意識した審理を

---

91　ヒアリングの中では、通常の単独事件であれば、比較的争点が少なく単純なものは10頁から長くても15頁程度まで、比較的争点が多いものでも20頁程度までで収まっているとの意見が多かった。また、「判断」欄とその余の部分との比率については、一般的には「判断」欄が5割以上となるであろうとの意見でほぼ一致した。
92　自ら補充尋問を行うだけでなく、代理人に対し、必要な質問をすることを促すことも含まれる。

行い、前倒しに検討を進めることが必要であるが、「判断」欄の説示の内容は主文に直結するものであることから、特にこのことが当てはまり、早期に検討を進めることが重要となる。

すなわち、「判断」欄の説示の内容を意識しながら審理を行うことにより、当事者に対して適時に必要な攻撃防御を促すことができる。また、説示を想定する内容を念頭に、争点整理手続の中で当事者と積極的に意見交換を行った上で、争点が何であるかという基本的問題についてのみでなく、各争点の軽重、証拠や間接事実の構造や重み付け、双方の主張するストーリー等についての認識を共有することにより、的確な証拠調べを行うことが可能となる。「判断」欄の説示の内容が当事者の主張立証とかみ合わない場合、当事者にとって不意打ちや肩透かしの判断となってしまうことから、そのような事態を防ぐためには、争点整理の段階から、当事者との間で認識を共有した上で、裁判所が重要と考える点について攻撃防御を促したり、裁判所が疑問を持った点を確認して疑問を解消したりしておくことが必要である。弁論終結後になって初めて説示の内容を検討するというのでは、新たな観点からの検討が必要となったり、新たな疑問が生じたりした場合に、当事者にこれに応じた攻撃防御を促したり、疑問を解消したりする機会を設けるためには弁論の再開が必要となってしまう。

このように「判断」欄の説示の内容について前倒しに検討を進め、これを念頭に置いた審理を行うことは、判決書の質を高めることにつながるだけでなく、判決書の作成の段階で費やす労力、ひいては当該事件全体として必要となる労力を真に必要かつ合理的なものとすることにもつながる。

(3) なお、このように前倒しに検討を行った上で、一定の方向を見据えて審理を進めることは重要であるが、一定の方向が見えたとしても、それは飽くまで一応のものにすぎないことを忘れてはならない。そのまま最後まで決め打ちで審理をしたり、反対証拠を無視したりするこ

とがあってはならず、必要に応じて柔軟に軌道修正すべきである。また、当事者との口頭議論等の際、この点に関する裁判所の姿勢について誤解を与えないよう留意する必要がある。

第2　事実認定

1　認定すべき事実の範囲

(1)　事実認定の構造

　　　要証事実の認定の可否が問題となる場合、当該要証事実の認定を行う際の構造の概念型としては、①直接証拠から要証事実を直接認定する場合（以下「直接認定型」という。）と、②間接証拠から間接事実を認定し、その間接事実から更に要証事実である主要事実を推認する場合（以下「間接推認型」という。）がある。また、間接事実が、主要事実を認定する直接証拠の信用性を判断するための補助事実として機能する場合もある[93]。

　　　もっとも、直接認定型として、直接証拠から要証事実を直接認定でき、特に補足を要しない場合というのは、実際にはまれである。大半の事案では、直接証拠（典型的には当事者の供述）がある場合であっても、間接推認型として説示することが多い。このような場合を含む間接推認型の場合においては、動かし難い事実（当事者間に争いのない事実や証拠上確実に認定できる事実）を確定した上で、これを基礎として経験則を適用することにより、要証事実を認定することになる。

　　　また、結論として要証事実の認定ができない事案においては、要証事実に沿う証拠が採用できない理由など要証事実の認定ができない理由を説示する必要があるが、その説示は、多くの場合、動かし難い事実を基礎とした経験則の適用という過程を経ることになる点で、間接推認型に類似するといえる。

---

93　司研「事例で考える」13、14頁

したがって、「判断」欄においては、多くの場合、まず、動かし難い事実を確定して記載する必要がある。

(2) ストーリー（物語）の認定とその有用性

要証事実の認定を行う際には、動かし難い事実を踏まえて裁判所が認定した一連のストーリー（物語）として、紛争の経緯や背景事情等を記載し、これを踏まえて要証事実の存否を検討することが広く行われている。

世の中に生起する事実は、個々の要証事実に分断されて存在するのではなく、前後の経緯や背景を含む一連の事実関係として存在しており、事実関係をそのような流れを持つものとして把握することは、事案の把握に資する[94]。また、裁判所の認定したストーリーが明らかになれば、当該事案に対する裁判所の見方や思考過程が明らかとなることから、判決書においてこうしたストーリーを提示することにより、当事者や上訴審の理解、納得を得やすくなるということができる。したがって、多くの事案においては、ストーリーを認定して提示することが有用であり、そのような認定をする欄として「認定事実」欄[95]が設けられる。

他方で、断片的に事実を認定するだけで要証事実の有無や結論を判断し得る事案もあり、そのような場合には、必ずしもストーリーを提示することを要しない。むしろ、要証事実の存否に関する判断において考慮した事情を明確に示し、判決書の無用な長文化を避ける趣旨からは、ストーリーを提示しない方が望ましいといえる場合もあり得る。もっとも、そのような場合は実際にはそれほど多いわけではないと思われる。

なお、過失、正当事由等の規範的要件が問題となる事案では、特定

---

94 司研「事実認定」26、27頁、司研「事例で考える」9頁
95 前掲注50参照。「判断の基礎となる事実」などとするものもあり、特に名称を記載しないものもある。

の要証事実の認定よりも、複数の評価根拠事実ないし評価障害事実の総合的な評価が問題となることが少なくないが、そのような事案でも、その総合的な評価をするに当たって、ストーリーを認定して全体の流れを把握することが有用であることが多い。

(3) 「前提事実」欄に記載する事実との振り分け

以上のとおり、「認定事実」欄においては、多くの場合、要証事実の存否を検討するための基礎となる動かし難い事実や、ストーリーとしての紛争の経緯、背景事情等を認定し、記載することになる。他方、「事案の概要」欄の「前提事実」欄においては、当事者間に争いのない事実や証拠により容易に認定できる事実を記載することが予定されている。そこで、「前提事実」欄と「認定事実」欄のそれぞれに記載する事実をどのように振り分けるかという点が問題となる。

「前提事実」欄の主な機能としては、争点及び争点に関する当事者の主張を記載するのに先立ち、当事者間に争いのない事実を確定するとともに、事案や争点の内容を理解するための前提となる事実を示すことが想定されている。このような機能に照らすと、「前提事実」欄の記載は、基本的に事案や争点の内容を理解するのに資する程度の簡潔なものとすることが望ましく、争いがないという理由のみからこの部分に多くの事実を記載しすぎると、かえって事案や争点の理解を妨げることになりかねない。したがって、「前提事実」欄については、争いのない（証拠等により容易に認定できるものを含む。）主要事実及び重要な間接事実と事案や当事者の主張の理解に資する事実[96]を中心として、簡潔に記載するのが望ましい（以上につき、前記第1節第2の2参照。）。

これに対し、「認定事実」欄においては、動かし難い事実や事案の

---

96 事案や当事者の主張の理解に資する事実としては、例えば、①当事者の属性や人的関係など、当該事案がどのような紛争であるかを理解するのに資する事実、②成立に争いがある重要な文書の記載内容などを挙げることができる。

背景を含むストーリーとしての事実を記載することになるが、場合によっては、「認定事実」欄において、「前提事実」欄に記載した事実を再度記載する必要が生ずるなどして、記載が重複することもあり得る。そのような重複が生ずること自体はやむを得ない場合があるが、不必要な重複をできるだけ避ける観点からも、「前提事実」欄の記載は簡潔なものにとどめる必要がある。要証事実の存否の判断に用いる間接事実は、当事者間に争いがないものであっても、「前提事実」欄に記載せずに「認定事実」欄に記載すべき場合が多い。

(4) 記載する事実の吟味

前記(2)のとおり、要証事実の認定や規範的要件の評価に当たっては、一般的に、「認定事実」欄においてストーリーを記載することが有用であるが、その際には、いかなる範囲の事実を記載するかについて、当該事実の存否が要証事実の認定等にどのように関連するかを十分に吟味し、検討することが重要である。要証事実の認定等と直接的な関連はなくても、紛争の背景事情や事案の全体像を理解する上で必要な要素といえる事実を認定することはあり得るが、そのような事実を認定する際も、その必要性について十分な検討が必要である[97]。また、ＩＴ化が進展する中での判決書の在り方として、個人のプライバシーに関わる事実の記載についても慎重な配慮（必要な範囲を超える情報を記載しないよう留意すること）が望まれるといえよう[98]。

要証事実の認定等と関連性のない事実を認定することは、判決書が冗長となるだけでなく、当事者に対して裁判所が当該事実を重要な事

---

97　ヒアリングにおいては、事実を抽出して摘示する際に、最高裁判決において原審の認定事実を要約摘示した部分の記載が参考になるとの意見があった。ただし、最高裁判決で摘示される事実は、通常、最高裁が法的判断を示すために必要な限度で、事実関係上の争点について原審が認定した事実も取り込んで要約していることに留意する必要がある。

98　前掲注42、72参照

実と考えているとの誤ったメッセージを与えかねないことになる、判決書の論旨が不明確になり理解が困難となる、上訴審における審理対象をいたずらに増やすことになる等の様々な不都合につながり得る。証拠上認定できるからといって、認定する必要性のない事実を漫然と認定することは、厳に慎むべきである。

不必要な事実を認定してしまうことを防止するためには、まず判断の骨格を固めた上で、その判断を導くためにいかなる事実が必要であるかということを意識して認定していくことが重要である。また、「認定事実」欄ないし判決書をひととおり書き終えた後に、個々の事実が後の要証事実の認定や争点についての判断に係る記載の中で用いられているか、少なくとも上記認定や判断に間接的にせよ関連するか等を十分に検討し、これに応じて「認定事実」欄に記載する事実を加除する等のフィードバックをしていくことも重要である[99]。このような作業には一定の時間が必要であり、なかなかそのような時間を確保することができないということもあり得ようが、推敲のための時間も含めて判決書作成のスケジュール管理を行うことが肝要といえる。さらに、記載する事実について、項目ごとに表題（小見出し）を付けると、当該事実を記載する趣旨が明示的に意識され、認定の必要性の判断がしやすくなるとともに、読み手にも分かりやすくなるといえる[100][101]。

関連する問題として、書証の記載内容や人証の陳述内容等を判決書にそのまま書き写して記載する例があるが、このような記載は、判決書が冗長となる原因の一つとなり得る。契約書、遺言書等の文言の

<hr>

99 東京プラ「在り方」65頁

100 この点は、ヒアリングにおいて、裁判官、弁護士を問わず指摘があった。小見出しの例としては、参考判決書5の「判断」欄2項参照。

101 「認定事実」欄で適切な範囲の事実を記載するための工夫例としては、ほかに、①後の評価の部分において、評価に用いた事実を「（認定事実(1)）」、「上記1(1)」等と明示することにより、認定事実と評価の対応関係を意識的に検討すること、②個々の事実を記載する理由を具体的に説明できるか意識すること等が考えられる。

解釈について検討する前提として当該文言を認定する場合や、人証の信用性を検討する前提として陳述内容の変遷があることを示す必要がある場合等、判決書に証拠の内容をそのまま記載することが必要な場合もあり得るが、多くの事案では、その必要性はなく、適宜、文書の内容を要約して認定すれば足りる。証拠の内容をそのまま書き写すような認定をすることが真に必要なのかは、慎重に検討する必要がある[102]。特に、電子メールやメッセージアプリによるやり取り、インターネット上の書き込み、会話の反訳書の文言等をそのまま記載することは、不適切である場合が多い[103]。

2　事実認定の記載方式

「認定事実」欄の記載の方式としては、「判断」欄の冒頭にまず一括して認定事実を記載し、次いでこれを引きながら個々の争点についての判断を順次行っていく方式（以下「一括記載方式」という。参考判決書1から4まで等。現在はこのような記載方式を採るものが多い。）と、争点ごとにその争点に関する「認定事実」とこれに基づく判断とを記載していく方式（以下「争点別記載方式」という。参考判決書7等。）がある[104][105]（なお、ストーリーの提示をせず、争点ごとに断片的な事実を認定して判断を示す場合には、必然的に後者のような記載をすることになるが、ここで「争点別記載方式」という場合は、この方式を含まないこととする。）。

---

[102]　無理に要約しなければならないわけではなく、要約が難しい場合や、要約するとニュアンスが伝わらないと思われる場合などは、文言をそのまま認定することもあり得る。

[103]　比喩的な表現が多いメッセージのやり取りなど、内容を要約しにくい場合もあるが、安易にそのままの文言を記載するのではなく、「好意を示す内容のメッセージ」、「上司に対する不満」などと一定の評価を交えて記載することも検討すべきである。発言の文言自体ではなく、評価を交えた記載をした例としては、参考判決書8の「判断」欄1項(4)参照。

[104]　起案の手引92頁

[105]　家原「一考察」76頁以下

（一括記載方式の例）

> 第3　当裁判所の判断
>
> 　1　認定事実
>
> 　　　前記前提事実のほか、後掲各証拠及び弁論の全趣旨によれば、以下の事実が認められる。
>
> 　(1)　・・・・・・・・・・・・・・・・・・・・・
>
> 　(2)　・・・・・・・・・・・・・・・・・・・
>
> 　　・・・
>
> 　2　争点1（・・・・・）について
>
> 　　・・・＜争点1に関する説示＞・・・
>
> 　3　争点2（・・・・・）について
>
> 　　・・・＜争点2に関する説示＞・・・

（争点別記載方式の例）

> 第3　当裁判所の判断
>
> 　1　争点1（・・・・・）について
>
> 　(1)　前記前提事実に加え、後掲各証拠及び弁論の全趣旨によれば、以下の事実が認められる。
>
> 　　ア　・・・・・・・・・・・・・・・・・・・
>
> 　　イ　・・・・・・・・・・・・・・・・・・・
>
> 　　・・・
>
> 　(2)　・・・＜争点1に関する説示＞・・・
>
> 　2　争点2（・・・・・）について
>
> 　(1)　前記前提事実に加え、後掲各証拠及び弁論の全趣旨によれば、以下の事実が認められる。
>
> 　　ア　・・・・・・・・・・・・・・・・・・・
>
> 　　イ　・・・・・・・・・・・・・・・・・・・
>
> 　　・・・

```
(2)  ・・・＜争点２に関する説示＞・・・
```

　一括記載方式は、複数の争点にまたがる事実群を一括して記載することになることから、紛争の背景事情を含めた一連のストーリーとして裁判所が認定した事実を提示することができる。そのため、事案の把握がしやすく、裁判所の判断過程も理解しやすいという利点がある。他方、認定した事実が複数の争点のいずれに関するものであるかを明示せずに記載することになるため、認定した事実と各争点における判断との関係が不明確になるおそれがある[106]。

　争点別記載方式は、各争点の判断の前提となる事実の独立性が強い場合に採用され得る。しかし、独立性の強弱は相対的なものであり、独立性が強くないにもかかわらずこの方式を採用すると、各争点について重複した事実を認定してしまうことになりやすい。

　いずれの記載方式にも長所、短所があることから、事案の性質に応じて使い分けるべきである。現在は、前述のとおり、一括記載方式で記載する判決書が多いが、損害賠償請求訴訟において、責任論と損害論とで記載を区別するなど、争点別記載方式で記載されるものもある。

　いずれの記載方式による場合でも、複数の事実を認定する場合にいかなる順序で記載するかを意識する必要がある。時系列順に記載することが分かりやすいことが多いであろうが、当該事実の位置付けに応じた順序により記載すること等も考えられる。いずれにせよ、ある程度のまとまりで表題を付けるなどして、どのような観点からその順序で記載したかが読み手に伝わるように記載することが望ましい。

３　要証事実の認定に係る説示方式

---

106　一括記載方式については、関係証拠を「認定事実」欄の冒頭又は末尾に一括して記載する場合には、証拠と認定事実の具体的な結び付き（どの証拠によってどの事実を認定したのか）が曖昧になるという指摘もされている（起案の手引78頁）。なお、証拠の挙示の方法については、後記５(1)参照。

要証事実の存否に実質的な争いがある場合には、証拠により直接かつ確実に当該要証事実を認定できるなど結論が明らかな例外的なケースを除き、当該要証事実が認められるか否かについての判断過程を明示し、十分に説明を行うことが必要である（具体的には後記4参照。）。この点についての説明が不足ないし不十分であったり、第三者から見て理解が困難であったりした場合、読み手（特に当事者）の理解や納得を得ることは困難である[107]。

　要証事実の存否に実質的な争いがある場合の記載方式としては、①「認定事実」欄において当該要証事実を除く間接事実等を記載し、後に推認過程を示した上で要証事実についての結論を示すもののほか、②当該要証事実が認定できる事案において、「認定事実」欄の中で当該要証事実を含む事実を記載し、後に事実認定の補足説明等として推認過程を示すもの（参考判決書4の「判断」欄1、2項等。）がある[108] [109]。

（①の方法の例）

---

　1　認定事実

　（1）　前記前提事実のほか、後掲各証拠及び弁論の全趣旨によれば、以下の事実が認められる。

　　ア　・・・＜要証事実を除く認定事実＞・・・

　　イ　・・・・・・・・・・・・・・・・・

　（2）　上記(1)認定の事実を踏まえ、＜要証事実＞の存否について検討する。

　　ア　・・・＜推認過程、要証事実の存否に関する記載＞・・・

---

107　東京プラ「在り方」65頁

108　家原「一考察」77頁

109　なお、参考判決書1のように、主要事実である使用貸借等の存否を判断するための背景事情として、被告と亡Aとの内縁関係の存否を独立の争点として位置付ける例もある。もとより、このように独立の争点として位置付ける必要があるか否かは、慎重に検討する必要がある。

```
    イ　・・・・・・・・・・・・・・・・・・・・・・・・・・・
```

（②の方法の例）

```
1　認定事実
 (1)　前記前提事実に加え、後掲各証拠及び弁論の全趣旨によれば、
    以下の事実が認められる。
    ア　・・・＜要証事実を含む認定事実＞・・・
    イ　・・・・・・・・・・・・・・・・・・・・・
 (2)　事実認定の補足説明
    ・・・＜推認過程＞・・・
```

　①の方法は、裁判所の推認過程と一致した順序で記載がされ、判断の過程を検証しやすくなるという利点がある。他方、間接事実が記載される段階では、その位置付けが必ずしも明らかにされないため、認定された間接事実の位置付けの理解が困難となるおそれがあるほか、個別の争点に関する判断で間接事実を引用しながら推認過程を示す場合には、重複記載が生じてしまうおそれがある。

　②の方法は、記載された事実の位置付けが明確であり、①の方法のように重複記載が生ずるおそれも少ない。他方、記載順序は裁判所の推認過程と異なり、間接事実から推認した要証事実がいきなり認定されることから、結論を先取りしているような印象を与える場合がある。また、証拠、間接事実及び要証事実のそれぞれの関係が曖昧になるおそれがある。そのため、事実認定の補足説明の説示を的確に行うことが肝要となる。このようなことから、②の方法は、要証事実の存在を争う当事者の主張が比較的排斥しやすい場合に採用されることが多い。

　②の方法による場合、事実認定の補足説明の方法としては、上記の記載例による方法のほか、当該要証事実を認定した記載の直後に括弧書きやなお書きで注記する方法がある。括弧書きで注記する場合はともかく、なお書きで注記する場合には、事実認定に関する記載から補足説明に関

する記載に突然切り替わることになり、読みにくくなるおそれがあることに留意する必要がある。

## 4 具体的な認定方法と説示

### (1) 事実認定の説示の在り方

当事者が積極的に争っている事実については、証拠の取捨選択の理由と共に、間接事実から要証事実への経験則を踏まえた推認過程を示しながら説示を行うことが必要である[110]。

争点整理の過程において、裁判所と当事者との間で、当事者が積極的に争っている事実が何であるかについての認識を共通のものとしておくことが重要であることは既述のとおりであるが、当事者が積極的に争っている事実の中でも、当事者との間で確認した重要性や争いの程度に応じて、どの程度詳細な説示を行うかについて濃淡を付けることが望ましい。争点整理を適切に行っていれば、重要な争点や判断の微妙な争点については多数の間接事実等が主張立証され、おのずと判断すべき内容も多くなるであろうし、一応争ってはいるが証拠からある程度明らかな争点については、簡潔な説示で足りることも多い。

例えば、参考判決書3では、履行の割合に応じた報酬請求権の存否及び額（争点(1)）、不利な時期に解除されたことによる損害賠償請求権の存否及び額（争点(2)）並びに正当な理由なく解除されたことによる損害賠償請求権の存否及び額（争点(3)）が争点となっている。これらのうち、争点(1)については、中心的な争点として、相応の分量を割いて詳細な説示を行っている一方、争点(2)と争点(3)については、原告の主張を比較的容易に排斥することができ、それぞれの判断内容も重なることから、一括して、比較的簡潔な説示を行うにとどめている[111]。

---

110 　東京報告361（36）頁

111 　そもそも争点として一つにまとめるという考え方もあろう。

前記３の①の方法によるにせよ、②の方法によるにせよ、要証事実の認定に係る説示をする際は、要証事実以外の認定事実を基礎として、これにどのような経験則をどのように適用し、その結果、どのような評価をすべきこととなるのかを説明して、要証事実の存否に関する判断の過程を示すことが必要である。この説示が淡泊であったり、判断過程についての説明が不足していたりすると、説得力を欠くものとなってしまう。要証事実以外の認定事実から特段の説明をするまでもなく当然に要証事実の存否の判断ができるような例外的な場合を別として、なぜその認定事実から要証事実に関する判断が導かれるかを説明しなければならない[112]。

(2)　推認過程の説示

　ア　前記１(1)のとおり、事実認定を行う際の構造としては、①直接証拠から要証事実を直接認定する場合（直接認定型）と、②間接証拠から間接事実を認定し、その間接事実から更に要証事実である主要事実を推認する場合（間接推認型）がある。また、同じく前記１(1)のとおり、要証事実が認定できない事案における説示の構造は、間接推認型に類似する。

　　　要証事実の認定に係る説示を行うに当たっては、このような事実認定の構造を意識して判断過程を示すことが重要である。特に、対席判決の多数を占める間接推認型（直接証拠はあるが説示としては間接推認型とするものや、結論として要証事実が認定できないものを含む。）においては、間接事実の認定及び間接事実から主要事実への推認の各段階を意識し、後者について、事案に応じた適切な説

---

112　読みやすい文章で説明することにも意を用いるべきである。説明を尽くそうとする意識もあって、一文が長くなったり、複文構造としてしまったりすることがあり得るが、そのような文章は一般的には読みづらい。読み手に分かりやすく記載するという意識が大切であり、特に、一文を短くすることについては、常に留意する必要があろう。

示を行うことが必要である[113]。なお、この説示の前提として、主要事実が何であるか及びその主張立証責任がいずれの当事者にあるかの理解を誤らないことが重要である。

イ　間接事実の認定及び間接事実から要証事実への推認についての説示を行う場合、様々な間接事実を総合評価することになるが、認定した間接事実をどのように評価して要証事実の存否の判断に至ったのかという判断の過程について、適用した経験則や論理則の内容を明示又は黙示に示しながら説明することが必要である。その際、「～こと、～こと、～ことが認められ、以上によれば＜要証事実＞が認められる。」というように、対象となる間接事実を羅列して、そのまま結論を記載するという形式にならざるを得ない場合もあるが[114]、羅列した間接事実から結論に至る推認過程が読み手に理解されるものとなっているかは、常に意識する必要がある。この意識が乏しい場合、結論ありきの推認と受け止められ、読み手の理解や納得を得ることが困難となる。事案に応じて、「認定事実」欄で認定した間接事実から更に別の間接事実を認定した上で要証事実を推認する、推認を妨げる方向に働く間接事実や証拠があれば当該間接事実等が推認の妨げとならない理由を記載する、あるいは、推認する方向に働く間接事実や証拠があるのに推認には至らない理由を記載

---

113　判例では、「証拠を排斥するにつき、排斥する理由を一々説示する必要〔は〕ない」（最三小判昭和32年6月11日民集11巻6号1030頁）、「判決の理由において…心証形成の過程について説示しなかったとしても、違法を来すものとはいえない。」（最二小判昭和56年11月13日集民134号227頁）などとされているが、飽くまで違法とはならないとするにとどまる。上記の程度の説示で足り、それ以上の説明をするまでもない場合もあり得るものの、これらの判例の趣旨を、そうでない場合についてまで要証事実の推認過程判示の必要性を否定したものと捉えてはならない。

114　ヒアリングにおいては、裁判官、弁護士を問わず、このように間接事実を羅列した上で直ちに結論を記載するような説示について、理由に論理の飛躍があり、説得力がないと感じることがあるとの指摘があった。

するといったように、結論に至る推認過程を説得的に説明すること
を検討する必要がある（参考判決書１の「判断」欄２項参照[115]）。

　換言すれば、推認に係る総合評価の過程を説明するに当たっては、
経験則を踏まえ、それぞれの間接事実や証拠が、いかなる理由から
要証事実の認定に対して積極・消極のいずれの方向にどの程度の意
味を有するか、反対方向の間接事実や証拠が認められる場合、いか
なる理由から要証事実の存否につきこれと異なる方向の判断をする
のか等について、言語化した上で、要所を押さえて説明をする必要
がある[116]。そして、この過程で適用される経験則については、最高
裁判例で経験則違反とされた事例を検討したり、事実認定に関する
文献[117]を参照したりするなどして、裁判官の独りよがりのものにな
らないようにすることが重要である。また、経験則には様々なもの
があり、その適切な表現方法を一般化して論ずることは困難である
が、当該証拠あるいは事実があれば誰もがそのように考えるであろ
うことを自然に表現することを心掛けるべきである。

　例えば、参考判決書６の「判断」欄４項(2)においては、証言の信

---

115　参考判決書１の「判断」欄２項は、①被告と亡Ａが長期間にわたり同居生活を継続
　　していたこと、②その間、生活費を分担するなどして共同の社会生活を営んでいたこ
　　と、③亡Ａの親族らも被告の存在を認識していたこと等の事情を挙げ、両名の生活状
　　況が夫婦同様であったとして、被告と亡Ａが内縁関係にあったとし、Ｂと亡Ａの婚姻
　　関係の実質は失われていなかったとの原告主張について、④別居後一度も同居したこ
　　とがなく、このことにつき婚姻関係悪化以外の事情は認められないこと、⑤亡Ａが
　　Ｂの居住する建物に宿泊していた事実があったとは認められないこと、⑥亡Ａが同建物
　　を訪れたことについては、形式上婚姻関係が継続し、原告が亡Ａの実子であることか
　　ら、婚姻関係の実質が失われていなかったとみるべき事情とはいえないことを挙げて、
　　排斥している。
116　もっとも、判決書においてどの程度の説明を要するかは、審理の在り方と相関する
　　面があり、争点整理の段階で当事者と意見交換を尽くし、当事者に裁判所の心証が事
　　実上伝わっているような場合は、比較的簡潔な説示で足りる場合もある。
117　差し当たり、司研「事実認定」及びこれに紹介されている文献が基本となる。

用性を検討するに当たり、名刺や契約書といった客観的証拠との矛盾を指摘し、証言のとおりBの移籍に関する説明があったのであれば、経験則上存在することが自然である契約主体の確認や協議が行われていないことを指摘した上で、当該証言を採用することはできないとしている。また、参考判決書2の「判断」欄3項(2)においては、共同事業を立ち上げる準備のために後日必要になるかもしれないと言われて金額欄を空欄としたままで金銭借用証書に署名押印したという被告らの主張を検討するに当たり、その程度の理由で、実際に貸付けを受けていないのに金銭借用証書に署名押印することは想定し難く、それまで事業を営んでいた被告Y1が金額欄を空欄とした金銭借用証書に署名押印する事態も考え難いと指摘して、当該主張に係る作成経緯がいずれも経験則上合理的に説明できないことを指摘している。

ウ　注意しなければならないのは、一旦心証を固めると、その心証に反する間接事実や証拠評価の見直しが心理的に困難になり、実際には誤った評価をしていても、気付かずに判決に至ってしまうおそれがあるということである。こうした事態を防ぐには、心証を固めるまでの検討を充実させることはもとより、判決書を一旦書き終えた後、しばらく時間を置いて改めて読み直し、違和感がないかを確認することも非常に重要である。

　　なお、上記推認過程を記載する際には、結論との関係で異なる方向性の間接事実や証拠を混在させて検討するような記載をすると論旨が分かりにくいものとなってしまうことから、まず結論との関係で積極方向に作用する間接事実等について検討し、その後に反対方向に作用する間接事実等について検討するというように、検討の方向性を統一すると論旨が分かりやすくなる(参考判決書1の「判断」

欄2項[118]、参考判決書4の「判断」欄2項[119]参照）。

(3)　事実認定の構造に応じた説示のパターン

　　前記のとおり、要証事実の認定に係る説示を行うに当たっては、主張立証責任の正しい理解を前提として、事実認定の構造を意識した判断過程を示すことが重要である。要証事実の推認に係る説示のパターンについては、次のように類型化することができるが、これらは飽くまで説示の結論部分をパターン化した類型であって、実際の判決書においてこれらのパターンに沿った記載のみをすればよいということではなく、事案に応じた適切な説示とするため、これらのパターンを踏まえて推認過程や反対証拠の排斥過程を補充する必要がある。以下の例では、各類型の末尾に、参考判決書の説示のうち該当ないし類似する部分を掲記するので、併せて参照されたい。

（事実認定の説示の骨格の例）

---

ア　要証事実Aを認める場合

(ア)　基本型（ストーリー中に認定した間接事実をa1、a2とする。）

　　| a1の事実 |及び| a2の事実 |を総合すれば、| A |の事実を推認することができる。（参考判決書1の「判断」欄4項1段落目等）

(イ)　反対証拠があり、これを排斥する場合（反対主張をB、反対証拠を〜、反対方向の間接事実をb、積極証拠を…とする。）

　・　上記認定に反する| 〜の証拠 |は、前掲| …の証拠 |に照らし、採用することができず、他に上記認定を覆すに足りる証拠はない。

　・　被告は、| Bである |と主張し、| 〜の証拠 |によれば、| bの事実 |

---

118　前掲注115のとおり、参考判決書1は、内縁関係を基礎付ける方向に働く事実を挙げ、被告と亡Aが内縁関係にあったとの結論を導いた後、原告による反対主張を排斥している。

119　参考判決書4は、各ショッピングセンターから清掃回数の削減に関し了承を得たとの原告の主張を検討するに当たり、同主張に沿う内容の証拠を挙げた後、これに反する内容の証拠や間接事実を挙げ、当該主張を排斥している。

が認められる。しかし、…の証拠に照らせば、上記事実をもって上記認定を覆すには足りず、他にこの認定を左右するに足りる証拠はない。(参考判決書1の「判断」欄2項2段落目等)

イ　要証事実Aを認めない場合

　(ア)　積極証拠があるが、当該証拠からは事実を認定できない場合（積極証拠を…とする。）

　　　…の証拠によっても、Aの事実を認めるに足りず、他にこの事実を認めるに足りる証拠はない。

　(イ)　積極証拠はあるが、反対証拠に照らし、採用できない場合（積極証拠を…、反対証拠を〜とする。）

　　　原告は、Aの事実を主張し、…の証拠にはこれに沿う部分があるが、〜の証拠に照らし、採用することができず、他に上記事実を認めるに足りる証拠はない。(参考判決書6の「判断」欄2項(2)等)

　(ウ)　認定可能な間接事実aから要証事実Aを推認することができない場合

　　　aの事実が認められるが、これをもってAの事実を推認するには足りず、他にこれを認めるに足りる証拠はない。(参考判決書1の「判断」欄3項(1)等)

(4)　供述証拠の信用性判断

　供述証拠の信用性について判断する場合、着眼点としては、①人証そのものに関するもの（利害関係、事実認識の正確性、記憶の喪失・変容、性格等）、②供述の仕方に関するもの（供述の意味の取り違え、話し方、供述態度等）、③供述内容（動かし難い事実との整合性、経験則との符合、推測・評価の混入、伝聞、一貫性等）などがあり[120]、様々な側面から多角的に検討することが重要である。

---

120　司研「事実認定」192頁

供述証拠の信用性は、要証事実との関係で当該供述の内容に即して
検討することが重要であり、供述内容を離れた人証そのものや供述の
仕方に関する点のみによって信用性を判断することには限界がある。
特に、民事訴訟において供述証拠の信用性を検討する場合、動かし難
い事実との整合性の存否は重要な考慮要素であり、この点について検
討を加える場合には、間接事実から要証事実を推認する場合と同様に、
経験則を踏まえ、信用性の判断の過程を丁寧に説明すべきである。

　また、人証の証拠価値は、処分証書等の一定類型の書証の証拠価値
に及ばない場合も多いが、一般論として人証よりも書証の方が証拠価
値が高いとはいえず、書証よりも供述証拠の方を採用すべきこともあ
る。人証よりも書証の方が証拠価値が高いなどという不正確な一般論
から安易に結論を出すことのないように留意する必要がある。

(5)　反対主張等の排斥

　ア　当事者が重視している主張や証拠で、採用できないものについて
は、当該主張の趣旨や証拠の位置付けを正確に理解した上で、これ
を採用できない理由を示しながら排斥する必要がある[121]。これに対
し、当事者が重視していない主張等については、簡潔に当該主張等
を採用できないことを記載すれば足りる場合もある。いずれにせよ、
反対主張等の排斥の仕方は、判決書の説得力を左右する非常に重要
な要素となることを意識する必要がある。

　　当事者が重視している主張等を排斥する際は、当該当事者が援用
する証拠や間接事実があるのにこれと反対方向の事実を認定する理
由等を示していくことになるが、証拠から確実に認定できる事実や
経験則との整合性を踏まえて、説得力のある理由を丁寧に示すこと

---

121　ただし、客観的には重要ではない（結論に影響しない）が本人が重視している主張
等については、本人の意向に配慮して丁寧に説明することが許されないということは
ないものの、不相当に丁寧な説示をすると、裁判所も重視しているとの誤解を招くお
それがあることに留意する必要がある。

を心掛けるべきである[122]。例えば、「当該主張のとおりであれば、通常、Aという事実が存在するはずである。」、あるいは「当該主張のとおりであれば、通常、Bという事実は存在しないはずである。」という経験則がある場合、当該経験則を示しながら、当該事案ではA事実が存在しないことや、B事実が存在すること等を指摘することになる。

イ 当事者の主張等を排斥する際に、「これを認めるに足りる的確な証拠がない。」、「前記認定を左右しない。」等の表現を用いることがある。これのみで足りる場合もあるが、裁判所がそのように考える理由を具体的に示すことが必要な場合も多いのであって、そのような場合に理由を示すことなく定型的な記載によって主張を排斥するというのでは、当事者の理解や納得を得ることは困難である。主張等を排斥する場合の説示の在り方には留意する必要があり、主張等を排斥される当事者の立場や心情にも配慮することが望ましい。

なお、供述を排斥する場合に「信用することができない。」と記載すると、当該供述をした当事者本人等としては、人格的な信用性を否定されたように受け止め、その心情を無用に害するおそれがあることから、「採用することができない。」等の表現を用いるのが適当である[123]。

ウ 「判断」欄において当事者の主張に言及する場合、それが事情や補助事実に係る主張であっても、前提として、「当事者の主張」欄にも当該主張を記載しておくべきであるとする考え方もある。しか

---

122 例えば、参考判決書2の「判断」欄の2項は、実印の冒用に関する被告Y1の主張を排斥するに当たり、被告Y1とAとの間で、輸入衣料品店の共同経営が話題になることはあったものの、計画が具体化するには至ってなかったこと等を指摘した上で、これを踏まえ、被告Y1がAに実印を預けるという事態は考え難いとしている。これは、一般に、実印の管理が慎重に行われ、具体的な必要性もなく他人に預けることは想定できないという経験則を前提としたものであるといえる。

123 この点は、ヒアリングにおいて複数の弁護士から指摘があった。

し、「当事者の主張」欄には、基本的に、中心的争点に関する主要事実及び重要な間接事実又はこれらについての否認の理由の要点等を記載すれば足り（前記第1節第3の2(1)参照）、「判断」欄で言及するからといって「当事者の主張」欄に記載しなければならない理由はない。むしろ、無用な重複記載を招くことから、上記考え方に従う必要はないといえる。

　反対に、「当事者の主張」欄に記載した主張については、結論との論理的関係から判断する必要がない場合を除き、判断を加えるべきであり、判断を加える必要がないような主張は「当事者の主張」欄にも記載すべきではない。

5　証拠の挙示等
(1)　証拠の挙示の方法
　「認定事実」欄に記載した事実の認定に供した証拠を挙示する方法としては、関係証拠を同欄の冒頭又は末尾に一括して記載する方法と、個別の認定事実（項目）ごとに記載する方法がある[124]。

（一括して記載する例）

> 1　認定事実
> 　前記前提事実のほか、証拠（甲1、…、乙2、…、原告本人、被告本人）及び弁論の全趣旨によれば、次の事実が認められる。
> (1)　・・・・・・・・・・・・・・・・・・・・・。
> (2)　・・・・・・・・・・・・・・・・・・・・・。

（認定事実の項目ごとに記載する例）

> 1　認定事実
> 　前記前提事実に加え、後掲各証拠及び弁論の全趣旨によれば、次の事実が認められる。

---

124　共同提言12頁、起案の手引92頁

```
┌─────────────────────────────────────────────────────┐
│ (1) ・・・・・・・・・・・・・・・・・・（甲1）。              │
│ (2) ・・・・・・・・・・・・・・・・・（乙1、被告本人）。      │
└─────────────────────────────────────────────────────┘
```

　後者の方法によると、認定事実と証拠との対応関係を明確にすることができる[125]ことから、基本的にこの方法によることが望ましいが、認定事実（項目）の全体又は多くの部分について同一の証拠が認定の根拠となるような場合（人証などがその典型例である。）には、記載が煩雑になるのを避けるため、当該証拠のみを冒頭に記載し、その他の証拠を個別に記載する等の方法を採ることが考えられる。

　要するに、認定事実と証拠との対応関係が分かりやすくなるように、事案に応じた工夫ないし配慮をすべきである。工夫ないし配慮のその他の例としては、カルテなどの大部の書証を挙げる場合や書証の特定の記載部分を引用する場合に、書証番号に加え、該当頁数等を記載することが挙げられる。

(2)　文書の成立に関する判断

　共同提言前の在来様式判決においては、書証（文書）を事実認定の資料とするときは、その文書の成立が真正であること及びその理由を逐一示すこととされていた[126]。

　これに対し、新様式判決においては、文書の成立に関する判断は、その点が実質的に争われている場合[127]を除き、記載する必要はなく、成立に争いがない旨の説示も不要とされている[128]。逆に言えば、新様式判決であっても、文書の成立に実質的な争いがある場合には、その

---

125　判決書を作成する裁判官自身もこうした対応関係を検証することが容易になり、判決書を点検することにも資する。なお、個々の証拠の挙示の方法（証拠を記載する場所）については、様々なバリエーションがある。

126　起案の手引71頁

127　成立を否認する場合はもとより、「不知」とする場合でも、実質的に争う趣旨であることがある。不分明な場合は、当事者に趣旨を確認して明確にしておく必要がある。

128　共同提言4頁

成立が真正であることを説示しなければ、当該文書は形式的証拠力を欠き、書証として用いることはできないから、当該文書を認定の根拠に用いる場合には、必ず成立に関する判断を示す必要がある。しかし、新様式判決では文書の成立についての判断が原則として不要とされたことに加え、現行民訴法の施行に合わせて、書証目録の文書の成立についての認否欄の記載も原則として不要とされたこと[129]の影響もあって、現在、文書の成立に関する判断に対する意識が低下している懸念があり、注意を要する（判断の記載例としては、参考判決書2参照。）。

(3) 証拠類型別の証拠の挙示の方法

　　挙示する証拠の類型が複数の場合には、書証、人証（証人、本人）、鑑定、検証、調査嘱託、鑑定嘱託の順に記載するのが例であるが、事案に応じて変更することは差し支えない[130]。

　　証拠の挙示の記載例として、新様式判決においては、「甲1」、「証人A」等の簡略な記載方法を用いて差し支えないとされているが[131]、新様式判決においても、認定根拠として挙示するのではなく当該証拠に特に言及するような場合には、原則的な記載方法（「甲第1号証」、「証

---

129　「民事事件の口頭弁論調書等の様式及び記載方法について」平9・7・16最高裁総三第76号総務局長、民事局長通達参照。なお、文書の取調べの際に反対当事者が成立を争う場合には、必ず認否を明確に確認し、書証目録に記載する必要があることを意識する必要がある。成立を争う旨を明示しない場合でも、その主張から成立を争う趣旨がうかがわれる場合もあり、そのような場合には、成立についての意見を確認するところから始める必要がある。

130　起案の手引70頁

131　共同提言13頁

人Aの証言」等）に従って記載する例もある[132]。

## 第3　事実認定を踏まえた評価及び結論

### 1　事実認定を踏まえた評価（個別の争点に対する判断の説示）

#### (1)　評価の説示

　　事実認定に関する説示により直ちに結論が導かれる場合（要証事実の有無自体が争点とされている場合等）を除くと、事実認定に関する説示を踏まえて、争点について、結論に至る評価を記載することとなるが、この際に留意すべき点は、間接事実から要証事実を推認する過程の説示における留意点と類似することが多い（前記第2の4。特にその(2)と(5)参照）。実際には、「認定事実」欄に続く各争点についての判断を記載する箇所において、要証事実の認定に関する説示をするとともに、それを踏まえて、争点の結論に至る評価に関する説示をすることが多い。

#### (2)　法律等の適用に関する説示

　　結論を導くために適用すべき実体法については、法律要件に該当する事実を認定することにより、適用される法条がおのずと明らかになる場合が多く、「判断」欄においてこれを明記しないことも多いが、特別法などにおいては、これを明記する方がよい場合もある[133]。明記しない場合であっても、条文の確認自体は怠ることのないように留意しなければならない。なお、事案によっては、判決書の冒頭等に「関

---

132　書証について簡略な記載方法とする場合、枝番のある書証の記載については留意が必要である。例えば、「甲1の1、2」と記載すると、甲第1号証の1と甲第2号証のことなのか、甲第1号証の1と甲第1号証の2のことなのかが分からない。これを回避する方策としては、「甲1の1、甲2」のように枝番の次に親番の記載をするときに改めて符号を記載する例、「甲1の1・2、2」のように枝番は「・」を親番は「、」を用いて区切る例などがある。なお、全ての枝番を証拠として引用する際には、その旨明記した上、枝番の記載を省略する例もある（参考判決書4、5参照）。

133　起案の手引85頁

係法令の定め」の欄を設け、関連する法令を記載することが望ましい場合がある（前記第1節第2の4参照）。

解釈論は、当事者が争っている場合などには、必要に応じて判断を示すこととなる。先例となる最高裁判例がある場合には、当該判例の判断基準を示した上で、当てはめを行うことになるが(参考判決書5)、判例の射程内の事案といえるかについては、十分検討する必要があり、争点整理の段階で当事者と問題意識を共有しておく必要がある。最高裁判例を挙示する場合には、少なくとも裁判年月日と登載誌及びその該当頁を記載する[134]。登載誌は、判例集又は裁判集登載判例であれば、当該判例集又は裁判集を挙げるべきである。

従来の判例、通説等に反する解釈や新しい解釈を採る場合には、詳細に判断を示す必要がある。ただし、裁判所が自ら一般的な基準等を定立することは必ずしも容易ではない上、そのような一般的な基準等を定立すると、当該事案や裁判所が想定した射程内にとどまらず、一般論として広く他の事案に波及するなどして、独り歩きをするおそれがあるから、裁判所が自ら一般的な基準等を定立することについては、その必要性を十分に検討した上で、射程、先例との整合性、類似事案との関係等を意識し、他の事案への波及効にも配慮するなどした上で行う必要がある[135]。

---

134　最高裁自身が最高裁判決を挙示する場合、「最高裁令和○年（○）第○号同○年○月○日第○小法廷判決・民集○巻○号○頁」等と記載するのが例であるが、それ以外にも、「最高裁」ではなく「最高裁判所」と記載したり、事件番号や法廷名を記載しないなど、様々な記載方法があり得る。なお、下級審裁判例の挙示を要することは多くないと考えられるが、挙示する場合には、裁判所名と裁判年月日のほか、登載誌と登載号・頁が記載されることが一般的である。近時、判例検索サービスのみで閲覧できる裁判例も増えてきたが、このような場合、裁判例の特定のため事件番号も付記することが相当な場合もある。

135　このような判断をする必要がある場合は、単独体で審理するよりも、合議に付することを検討する方がよいことが多いと思われる。

## 2 結論

### (1) 新様式判決における結論の記載

在来様式判決においては、判決文の締めくくりとして、理由欄の末尾に、請求（却下判決の場合は訴え）に対する結論及び訴訟費用の負担などに関する法令の適用についての説示を記載することが行われていたが[136]、共同提言においては、原則として末尾の結論の記載を省略するものとされた[137]。

しかし、次の(2)以下の事項は、判決書の他の部分の記載によっても明らかにならないことが多い。そこで、現在では、そのような場合には、「判断」欄の末尾の部分に「小括」といった項を設けたり、「判断」欄の次に「結論」欄を設けたりした上で、当該事項を記載するのが一般的である（以下、便宜、この記載がされる欄を「「結論」欄」という。）。

### (2) 弁済又は相殺の充当

弁済や相殺の主張がされている場合、弁済の有無や、相殺に供された自働債権の存否自体が主要な争点となることも多いが、そのような事案でこれらの主張が認められた場合であっても、その充当関係等については、争点についての「判断」欄の中で明示的に検討されない場合がある。

しかし、充当関係についていかなる処理をしたかは、いかなる範囲で請求が認容されるかに影響するものであり、認容された請求を明示する観点からは、充当関係についても明示することが必要である。

したがって、上記「判断」欄でこの点を明示しない場合、「結論」欄において、充当関係についていかなる処理をしたかを明示することが必要である。

### (3) 主たる請求の認容部分及び棄却部分

---

136　起案の手引87頁
137　共同提言13頁、起案の手引93頁

判決書において、いかなる訴訟物について、いかなる範囲で請求を認容ないし棄却したかを明示することは、当該判決の効力の範囲を明確にする上で必要不可欠である。したがって、他の部分の記載によって認容ないし棄却した訴訟物及びその範囲が明らかにならないような場合には、この点を「結論」欄において明示しなければならない。

基本的には一部認容の場合に問題となるが[138]、全部認容であっても、請求が選択的に併合されている場合には、「判断」欄の記載によってはどの請求が認容されたかが一見して明らかにならないことがあり、そのような場合にも、「結論」欄でどの請求を認容したかを明らかにする必要がある。なお、主位的・予備的併合関係にある請求の予備的請求を認容する場合には、「判断」欄の記載から、主位的請求を棄却する旨が明らかとなることが通常であるから、必ずしも「結論」欄でどの請求を認容したかを明らかにすることは要しないが、このような場合であっても、請求の併合関係が複雑である場合には、認容した請求と棄却した請求とを明確にする観点から、「結論」欄においてこの点を明示することが望ましい場合もある[139]。

（記載例）[140]

---

・請求の一部を認容する場合

　原告の請求は…を求める限度で理由があるから、その限度で認容し、その余は理由がないから棄却することと（し、主文のとおり判決）する。

---

138　共同提言13頁
139　東京報告359（38）頁
140　「理由があるから認容し」、「理由がないから棄却し」等と認容又は棄却することを記載する例や「主文のとおり判決する。」と締めくくる例が多いが、認容部分を明示する観点からは、端的に「理由がある。」、「理由がない。」等と記載することで足りるといえる。

> ・選択的併合の関係にある請求につき一部認容をする場合[141]
>
> 　原告の請求は、不法行為に基づく損害賠償として…を求める限度で理由があるから、その限度で認容し、これを超える額の請求はいずれも理由がないから棄却することとする。
>
> ・主位的・予備的併合の関係にある請求の主位的請求を棄却し、予備的請求の一部を認容する場合
>
> 　原告の主位的請求は理由がなく、予備的請求は、…を求める限度で理由があり、その余は理由がない。

(4)　認容した附帯請求の起算日、利率等の根拠

　　附帯請求については、「事案の概要」欄冒頭の「事案の要旨」において起算日や利率等の根拠が明示されるべきであり（前記第1節第1の2(2)）、それを前提とすれば、原告の請求を全部認容する場合には「結論」欄で改めてこれらを記載する必要はない（仮に「事案の要旨」において明示されていない場合には、「結論」欄でこれらを明示することが必要である。）。附帯請求について一部認容とする場合（起算日を遅らせる、請求に係る利率よりも低い利率の限度で認容するなど）には、これらを明示することが必要であり、「判断」欄で記載されていなければ、「結論」欄で記載することを要する。

(5)　訴訟費用の負担の裁判の理由及び適用法条

　　民訴法61条、64条本文を適用して、原則のとおりに敗訴当事者に訴訟費用（一部敗訴の場合はその一部）を負担させる場合、主文の記載からこの原則によっていることはおのずと明らかになることから、特に適用法条やその理由を挙げる必要はない。他方、例外的な負担を定める場合（同法62条、63条、64条ただし書、65条2項等）には、「結論」

---

141　不法行為に基づく損害賠償請求と債務不履行に基づく損害賠償請求との選択的併合で、不法行為に基づく請求の一部を認容する場合。債務不履行に基づく請求のうち認容部分に対応する部分は、選択的併合であることの帰結として判断の対象外となるから、「これを超える額の請求は」と記載することとなる。参考判決書3の第4も参照。

欄において、適用法条やその理由を挙げることが望ましい。

(6) 仮執行宣言の申立て等に関する判断

　　仮執行宣言の申立てがあるがこれを付さない場合には、主文自体からは、裁判を遺脱した場合と区別できないことから、「結論」欄においてこの点に関する判断を記載しておくことが必要である[142]。仮執行免脱宣言の申立てがあるがこれを付さないとする場合も、同様である。

　　（記載例）

> ・仮執行宣言については、相当ではないから付さない（こととして、主文のとおり判決する）。
> ・仮執行免脱宣言については、必要ではないと認め、これを付さない。

　　仮執行宣言を付す範囲について、共同提言においては、原告の請求が一部棄却された場合でも、特に限定を付することなく「この判決は、仮に執行することができる。」と記載するだけで足りるとしていた[143]。

　　しかし、請求を棄却した部分にまで仮執行宣言を付しているとの誤解を生じないようにするためにも、一部認容の場合には、「この判決は、第○項に限り、仮に執行することができる。」（第○項が認容部分の主文）などとして、原告勝訴の部分に限って仮執行宣言を付したことを明示するのが一般的である（参考判決書２、３等）。

　　全部認容の場合に、「この判決は、仮に執行することができる。」と記載すると、訴訟費用の負担の裁判にも仮執行宣言が付されたことになり、この場合、判決の確定を待たずに直ちに訴訟費用額確定処分を申し立てることが可能となる[144]。調書判決のように基本的に第１審で確定すると見込まれる場合には、特に問題とする必要はないが、通常の対席判決等控訴があり得るような事案においては、訴訟費用の負担

---

142　東京報告358（39）頁
143　共同提言8頁
144　起案の手引30頁、コンメンタールⅤ227頁

の裁判に仮執行宣言を付することの要否につき意識的に検討すべきである。なお、訴訟費用の負担の裁判も含めて仮執行宣言の申立てをしているように見える場合に、原告勝訴部分のみに仮執行宣言を付し、訴訟費用負担の裁判部分には付さないことにしても、裁判の脱漏があったのではなく意識的に仮執行宣言を付す範囲を限定したことが主文自体からうかがうことができるから、特に理由中（「結論」欄部分）において仮執行宣言についての説示を明示的にする必要まではないであろう（仮に説示するとしても、「原告勝訴部分に仮執行宣言を付することとして」などとすれば足り、「訴訟費用負担の裁判部分に仮執行宣言を付するのは相当ではないから」とまで記載する必要はないであろう。）[145]。

---

145　原告勝訴部分の一部のみに仮執行宣言を付す場合、少なくとも残部には付さない旨については説示することとなる。この場合には、訴訟費用負担の裁判にも付さない旨を併せて説示する方が平仄が合うとも考えられる。

# 第4章　判決書作成を意識した争点整理[146]と人証調べ

第1　争点整理及び人証調べと新様式判決書との関係

　1　質の高い判決書を作成するためには、まず、充実した争点整理をすることが必要不可欠である。

　　　当事者の主張と書証等の証拠とを照らし合わせながら、人証調べによって解明すべき中心的争点を浮かび上がらせ、その中心的争点に光を当てて集中証拠調べを実施し、これによる心証形成の過程と結果とを判決書で説明する。これが目指すべき争点中心主義の審理である。充実した争点整理をして中心的争点を浮かび上がらせておかなければ、質の高い人証調べ（＝核心に迫った尋問）をすることができないから、形成される心証の質も低くなり、その結果、判決書も質の低いものとならざるを得ない。充実した争点整理を行うことによって、裁判官と当事者双方との間で中心的争点（人証調べにおいて力を注ぐべき点）がどこであるかについての認識を共有し、これに基づいて、後記2のとおり、集中証拠調べにおいて核心に迫った尋問を実施することが、質の高い判決書を作成するためには不可欠である[147]。

　　　充実した争点整理によって中心的争点が確定され、その認識が当事者と共有されていれば、判決書を作成するに当たって、既に争点整理の中で確定された中心的争点をそのまま中心的争点として取り上げれば足り、何を中心的争点に位置付けるのかを判決書作成の段階で改めて検討する必要はなくなる。また、「当事者の主張」として記載すべき事項（す

---

146　民訴法第2編第3章第3節は「争点及び証拠の整理手続」とされている。一般に「争点整理」と表記されることが多いが、これは飽くまでも略称であり、正確には「争点及び証拠」の整理であることを忘れてはならない。

147　新様式判決は、このような争点中心主義の審理が行われることを前提とする判決として考案されたものである（前記第1章第4の3以下参照）。

なわち、主要事実と重要な間接事実）やその位置付けも、争点整理の過程でおおむね確定しているはずであり、それをそのまま書けばよいことになる。「事案の要旨」や「前提事実」についても同様である。

このように、充実した争点整理をしておけば、判決書を作成する段階では、判決書の「事案の概要」欄に何をどのように書くかは既に固まっているはずであり（固まっていなければ、それは争点整理が不十分であったということになる。）、判決書作成の段階で改めて悩む必要はない[148]。争点整理に十分な力を注ぐこと、すなわち、主張と証拠の構造の把握に努め、その結果形成された仮説（暫定的心証）について当事者と踏み込んだ意見交換（口頭議論）を行っておくことが質の高い判決書を作成する上で極めて有効である[149][150]。

2　争点整理が終われば、集中証拠調べ（民訴法182条）をすることになる。

---

148　判決書にどの事実をどのように記載するかを意識しながら争点整理を行うことによって、枝葉末節の事情や証拠評価をめぐって延々と主張の応酬が続くような事態も防ぐことができる。

149　争点整理手続における口頭議論の有効性と活性化に向けた取組について、山本和彦「争点整理手続の過去、現在、未来」高橋宏志先生古稀祝賀『民事訴訟法の理論』778頁以下（有斐閣、 2018）、相羽洋一ほか「民事裁判プラクティス　争点整理で7割決まる！？　より良き民事裁判の実現を目指して」判タ1405号5頁（2014）、古谷恭一郎ほか「争点整理の現状と課題」判タ1412号73頁（2015）、 1437号22頁（2017）、谷口安史ほか「争点整理手続における口頭弁論の活性化について」判タ1436号5頁（2017）、 1437号5頁（2017）、 1438号5頁（2017）、横路俊一ほか「民事裁判シンポジウム　民事裁判手続に関する運用改善提言」判タ1492号5頁（2022）、また、その具体的な手法を示すものとして、林道晴ほか『ライブ争点整理』（有斐閣、 2014）、河合芳光ほか「争点整理に困難を伴う非典型的な訴訟において争点整理の道筋をつけるために裁判所及び当事者が取り組むべき課題について」判タ1465号5頁（2019）、1466号5頁（2020）、1467号5頁（2020）参照。

150　なお、争点整理手続を通じて、中心的争点についての裁判官の理解とその根拠、すなわち中心的争点に関する暫定的心証を裁判官から当事者に説明し、当事者と共有しておけば、当事者は当該事案についての見通しを把握しやすくなることから、結果として当事者の納得する紛争解決に至る可能性が高まることも期待できる。

判決書において最も重要な部分は、裁判所の判断（理由の説示）であり、それが質の高いものとなるかどうかは、人証調べにおいて核心に迫った尋問を実現することができるかどうかに大きく左右される。特に、争点整理段階での暫定的心証では結論が明確とはいえないような事案では、人証調べの重要性は非常に大きい。

　尋問は主として当事者が行うものであるから、核心に迫った尋問を行うためには、争点整理手続を通じて、中心的争点についての認識を裁判官が得るだけでは足りず、当事者との間で共通認識を形成しておく必要がある。

　人証調べは、裁判官が仮説を検証する場でもある。争点整理手続の中では、裁判官は、当事者が提示するストーリーを検討しながら、尋問において解明すべき疑問点、問題点を認識し、いくつかの仮説を構成しているはずである。これを検証し、解明するのが人証調べの場である。そのため、当事者の尋問中、重要なポイントについての尋問が不十分であると感じたときは、必要な尋問が十分実施されるようにする必要がある。例えば、その点について、更に突っ込んだ尋問をするよう当事者に示唆することが考えられる。また、当事者が尋問を終えても、重要なポイントについて不明点が残っていると感じたときは、補充尋問をするなどして、可能な限り不明点を解消するよう努める必要がある[151]。このような尋問をしておけば、口頭弁論を終結する段階では、認定事実及びこれを用いた理由説示の内容が頭の中では既に出来上がった状態になっているはずであり、判決書の記載内容について口頭弁論の終結後に一から検討

---

[151]　全ての尋問が終了しても、十分な心証形成ができていない場合は、一旦尋問を終えた人証を再度尋問したり（尋問が終わってもそのまま法廷で待機しておいてもらう。）、対質（民訴規則118条）をするなどの方法を活用することも考えられる。門口正人編集代表『民事証拠法大系第3巻』111頁以下［白石史子］（青林書院、2003）、秋山幹男ほか編『コンメンタール民事訴訟法Ⅳ』104頁以下（日本評論社、第2版、2019）、高田裕成ほか編『注釈民事訴訟法第4巻』283頁以下［安西明子］（有斐閣、2017）参照。

する必要はないこととなる[152]。人証調べは、そのような状態に到達することを目指して進めるべきである。

　このように、充実した争点整理の結果を踏まえて、中心的争点についての掘り下げた尋問を行い、仮説を検証し、疑問点を解消することによって、事実認定の精度が向上し、理由の説示もより吟味されたものとなり、充実した判決書を作成できることとなるのである。

3　以上に述べたとおり、争点整理、人証調べ及び判決書の作成は、別個のバラバラのものではなく、一連の直結したもの、切り離すことのできない密接に関連したものであり、そのことを意識して審理を進めるべきである。

　ヒアリングにおいても、多くの裁判官が、争点整理及び人証調べと判決書作成との深い結び付きを指摘し、質の高い判決書を作成するためには争点整理に力を入れることが重要であることを強調していた。


第2　人証調べ及び判決書作成を意識した争点整理の手法
1　要件事実を基礎とした主張分析
　新様式判決では、在来様式判決の「事実」欄のように、当事者の主張する主要事実を請求原因、抗弁、再抗弁等に整然と区別して記載することは求められていない。しかし、だからといって要件事実を基礎とした主張分析が不要になるわけではない。「前提事実」欄及び「争点及び当事者の主張」欄に記載すべき事実を把握するためには、訴訟物を明確にした上で、要件事実を基礎とした主張分析を行うことが欠かせない。

　在来様式判決は、要件事実的分析そのものを「事実」欄に記載することが要求されるため、要件事実についての検討をせずに判決書を作成することが不可能である。これに対し、新様式判決は、要件事実的分析を

---

152　その結果、判決書作成のためのエネルギーを必要かつ合理的なものとすることができる。

行わなくとも、当事者の主張の対立点を「争点」として取り上げ、これについての双方の主張を記載すれば、判決書らしき体裁を備えたものを作成することができる。しかし、このような判決書は、主張立証責任の所在を取り違えたり、必要な要件事実を欠落させたり、無意味な主張や主張自体失当の主張であることを見落とすなど、重大な誤りを引き起こす危険がある。新様式判決を起案するに当たっては、この問題点を十分に意識し、要件事実的整理を意識的に行う必要がある。そのためには、ごく単純な事件を除き、ブロック・ダイアグラムや主張整理メモ等（厳密な正確性や記載内容の精緻さを追求する必要はなく、簡略なものであってもよい。）を作成して、当事者の主張全体を把握し、検討することが有用である。

　要件事実について定まった見解がなく、主張立証責任の振り分け自体が簡単ではない事案では、当事者の主張の態様に安易に寄りかかることなく、条文をよく読んだ上、文献や類似事案の判例なども調査し、条文に即して要件事実を把握すべきである。周囲の裁判官と意見交換をすることによって分析が深まることもある。

2　証拠構造の把握

　争点整理を行う上で要件事実的分析は不可欠であるが、それだけでは争点整理をしたことにはならない。証拠構造を把握することも重要である（前掲注146のとおり、民訴法第2編第3章第3節は「争点及び証拠の整理手続」であって、「争点整理手続」ではないことを十分に意識すべきである。）。提出された書証等の証拠を検討し、まだ提出されていないけれども当事者の主張等からすると存在する可能性があると考えられる証拠についてその存否を確認し、それが存在するのであればその提出を促し、存在しないのであれば存在しない理由の説明を促し、場合によっては訴訟物や主張の変更等を促すなどもした上、客観的証拠から容易に認められる事実を確認し、中心的争点に関わる重要な証拠及び間接事実とその位置付けを整理していくこと、そして人証調べの対象とすべき事

実を確定していくことが必要になる。直接証拠があるか否か、直接証拠は客観的な書証か供述証拠のみか、契約書（契約の存否が問題になる場合）や領収証（弁済の有無が問題になる場合）のように一般的に重要とされる書証[153]が存在するか否か、存在する場合にはその形式的証拠力があるか（真正な成立が認められるか）否か、直接証拠のない場合には、どのような間接事実についてどの程度の証拠力がある書証があるかなどを検討する作業が不可欠である。

　このように、書証等の証拠の存否、存在する証拠の種類やその証拠力の程度等を検討しなければ、各争点の位置付け（中心的争点なのか、証拠等により容易に認められる軽微な争点[154]なのか）を判断することができないし、各争点についての事実認定や理由説示の骨組みを構想することもできない。したがって、上記のような証拠構造を検討しておくことは、「事案の概要」欄を記載する上でも、「判断」欄を記載する上でも、必須の作業である。

---

153　契約書は処分証書の代表例であるが、処分証書の意義については、見解が分かれる。司研「事実認定」は、処分証書を「立証命題である意思表示その他の法律行為が記載されている文書」と定義する。そして、その真正な成立が認められれば、特段の事情がない限り、一応その記載どおりの事実を認定すべきであるが、記載どおりの認定をすべきでない特段の事情が認められる場合はそれほど少ないわけではないとする。また、報告文書のうち、領収証のように定型的、類型的に実質的証拠力が高い「重要な報告文書」についても、これと同様であるとする。他方、司研「事例で考える」は、処分証書を「意思表示その他の法律行為が文書によってされた場合のその文書」と定義する。そして、審理の結果、成立の真正が認められるまでの間は、その文書によって法律行為がされたとはいえないから、処分証書とはいえないが、成立の真正が認められて処分証書であることが確定したときは、特段の事情の有無を問うことなく、当然に法律行為が認定でき、虚偽表示等の抗弁が認められるか否かを検討することになるとする。また、成立の真正が認められるか否かを問わず、処分証書の外観を有する文書は、領収証などとともに、類型的にみて信用性が高い「類型的信用文書」であるとする。以上につき、土屋文昭＝林道晴編『ステップアップ民事事実認定』33頁以下（有斐閣、第2版、2019）参照。

154　「争点」の意義について、前掲注66参照。

3 当事者との認識共有と調書記載

　争点整理手続の中で、中心的争点や証拠構造について当事者と口頭議論を行い、その際、当事者から、中心的争点に関する間接事実について何を重視しているか、主張のうちのどの部分を重要と考え、提出済みの証拠のうちのどれを重視しているのかを聞き取っておくことが望ましい。そして、その上で、裁判官が具体的な証拠を踏まえた上で、どの主張を重要と考え、どの主張を重要視していないのか、間接事実や証拠としてどれを重要と考えているのかといった点を、「飽くまでも暫定的なもの（現時点のもの）」との留保を付けるなど、表現に注意しながら、可能な限り当事者に伝え、裁判官と当事者との間で共通認識を形成しておくことが重要である[155]。裁判官が当事者との間で共通認識を形成できていると考えていても、実は当事者には十分に伝わっておらず、裁判官と当事者との間に認識のずれが生ずることが少なくない[156]。当事者は、裁判官の指摘がよく分からない、理解できないと感じても、率直に言葉に出すことをためらってしまうこともあり得る。したがって、裁判官は、釈明したい点や説明したい点を口にしただけで安心してしまうことなく、伝えたい内容や意図が本当に当事者に伝わっているか、メモを取る手が止まっていないか、よく分からないとか納得できないといった表情ではないかといった点にも配慮しながら、分かりやすい丁寧な説明を心掛け、当事者との円滑なコミュニケーションを通じて、共通認識の形成を図る必要がある。

　裁判官が問題点を指摘したところ、当事者から思いがけず主張が追加されて戸惑ったという経験を持つ裁判官も少なくないであろう。しかし、問題意識を説明しないまま判決をすると、不意打ち判決であるとか、当事者の主張を正しく理解していない判決であるなどの批判を受けるおそ

155　具体的な事案において期日ごとに当事者との間で中心的争点等の共通認識を形成する方法について、林ほか・前掲注149参照。

156　前掲注36の迅速化検証に関する報告書（第９回）116頁参照

れがあり（実際にそのように批判されても仕方のない判決になることもある。）、釈明義務違反ともなりかねない。裁判官が問題意識を伝えることには、大きな利点があり、例えば、当事者から有益な指摘を受けて、なるほどと思わされることがある。その場合、当事者からその指摘を受けなければ、誤った判決をしてしまっていた可能性が高いわけであり、裁判官が問題意識を伝えたことによってそれを防ぐことができたということになる。また、仮に当事者から特に有益な指摘がなかったとしても、その場合、裁判官は自分の考えに自信を持って判決書を作成することができる。

　当事者が主張を補充したいと述べた場合、そのまま何の留保もなく主張を補充してもらうよりも、補充予定の主張の概略を聞き取り、その主張の位置付けや証拠の有無等について意見交換をしたり、準備書面を作成する際に力を入れてもらいたい点を伝えたりすることも有用である。それによって、主張の内容がより適切なものになることがある。

　恐れるべきことは、不意打ち判決（当事者に主張立証の機会が十分に与えられなかったという結果をもたらすもの）、当事者の主張を正しく理解しない判決、当事者に問題意識を伝えておきさえすれば防ぐことができたはずの誤りを犯した判決をしてしまうことである。

　当事者が提出した主張や証拠について、重要なものとは考えていない旨を裁判官が説明した場合、当事者が強く反発し、厳しい対応を受けることがあるが、まずは、当事者の話に耳を傾け、なぜ反発しているのかを把握するよう努めるべきである。その過程で、裁判官の側に誤解や検討不足があったことに気付くこともあり、また、当事者本人の関心の強い事項を踏まえた納得性の高い紛争解決に結び付けることが可能になる場合もある。当事者からの反発を避けようとして口頭議論・意見交換に

消極的になるべきではない[157]。

　このように、当事者との口頭議論・意見交換を通じて争点や証拠構造を確認した場合、これを調書に記載することが望ましい場合が多い。当事者との口頭議論を活性化するためには、ノンコミットメントルール[158]に従うことが有益であるが、争点や証拠構造についての共通認識が形成できたときは、調書に残す点を両当事者に確認し、了解を得た上で、認識を共有するに至った争点や証拠構造を調書に記載することが望ましい。これにより、争点整理の過程を積み上げていって判決書作成につなげるという意識を持つことができ、第三者から見た手続の透明性も確保することができる。なお、民事訴訟手続のＩＴ化に伴い、当事者と裁判官との間での情報共有を迅速かつ簡便に行えるようになったことから、

---

157　主張や証拠の軽重について当事者に説明し、意見交換をする際には、断定的に結論のみを伝えることは避けつつ、根拠を示して分かりやすく説明する必要がある。当事者と一緒に考える姿勢を持つことにより、当事者からの反発が避けられることもある。また、当事者が説明内容を聞いて反発した場合であっても、見解が異なる場合に当事者が反発するのは当然のことであると冷静に受け止め、その理由を誠実に傾聴した上で、意見交換を進める必要がある。具体的な釈明や共通認識の形成のための工夫として、例えば「～の証拠からすると、特段の事情がない限り、～と考えることになるでしょうから、問題は、そのような特段の事情があるかどうかになると思います。特段の事情としてどのようなものがありますか。」、「準備書面の～との記載は、～という趣旨と考えればよいのでしょうか。」、「まだ十分に記録検討（又は判例や文献の調査）をしたわけではないのですが・・・」、「～とも考えられますが、どうでしょうか。」といった表現を用いるなどし、断定的、一方的に結論を押し付けるのではなく、当事者と協力しながら争点整理を進めるべきである。

158　ノンコミットメントルールとは、口頭議論の活性化のための方策であり、①弁護士が、争点整理手続において、後日撤回する可能性を留保した暫定的発言をすることを認めること、②裁判所は、暫定的発言を主張として扱わないこと、③相手方代理人は、暫定的発言を次回の準備書面で引用したり、その発言を自白として扱うべきであるという主張をしたりしないというルールであり、このルールを適用することにより口頭議論への警戒や委縮を防ぐとされている（相羽ほか・前掲注149、最高裁判所事務総局「裁判の迅速化に係る検証に関する報告書（第８回）」73頁）。
　その他、口頭議論に関する近時の公刊物として、林ほか・前掲注149を参照されたい。

これを利用して、争点、証拠構造などの確認事項や今後の準備事項、提出期限等を当事者に伝えることにより、これらの点についての当事者と裁判官との認識の食い違いをなくすことが従前よりも容易になってきている。

第3　争点整理及び人証調べと判決書作成の時期等との関係

1　判決書作成の着手時期

判決書の構成要素である「争点及び当事者の主張」欄及び「判断」欄の骨格が争点整理及び人証調べの中で形成されていくべきことは前述のとおりである。しかし、判決書の骨格が定まっても、それを並べるだけでは、判決書にはならない。

質の高い判決書を作成するためには、相応の事前準備が必要になる。複雑な事案であればあるほど、可能な限り早く判決書作成ないしその準備に着手すべきである。

担当事件全体の状況から、「早く」がなかなか実現できないことも起こり得るが、遅くとも争点整理の終盤（＝人証採用の時期）には、「事案の概要」欄の少なくとも骨格程度のメモは準備しておくことを目指すべきである。そうでないと、人証調べにおいて仮説を検証し、疑問点を解明することが困難になってしまう。

2　判決書作成及びその準備

判決書の作成は、前述のとおり、争点整理及び人証調べと別に進めるものではなく、これらが相互に直結することを意識して、関連付けながら、並行して進めるべきものである。質の高い判決書を作成するための有効な準備方法は、その作業を争点整理及び人証調べの段階から継続的に行うことである。争点整理の段階から判決書作成を意識し、当事者の主張立証の中から、中心的争点の探索、推認力の高い重要な間接事実や客観的証拠の確認、事実認定の結果とその理由、結論に至る判断の道筋を検討し、当事者との口頭議論を通じて認識を共有することである。判

決書作成の実質的な内容を前倒しして少しずつ進めておくことにより、判決書の作成及び推敲の時間が確保でき、分かりやすい説示のために表現を工夫、吟味することもできる。ヒアリングの中でも、多くの裁判官がこの作業を実践し、高い効果を実感していることが確認できた。

　また、人証調べが終わった後には、できるだけ早く「判断」欄、特に理由の説示（少なくともその骨格）を作成することが望ましい。その全体を仕上げることが困難な場合でも、最低限、実際の判決書を意識しながら理由の説示の骨格を作成することが望まれる。人証調べから時間が経過すれば経過するほど記憶が薄れることは否めず、判決書作成に向けたロスが増えることになる。人証調べ後、数日以内であれば、尋問調書がなくても、尋問中に作成したメモと記憶とを活用して、結論に至る判断過程を比較的容易に記載することができるはずである。

3　推敲

　判決書を書き上げた後も、推敲の作業は欠かせない。ヒアリングの中でも、多くの裁判官が推敲の必要性を強調していた。判決書を書き上げても、その段階で判決書の作成が終わるのではなく、判決書の一応の案ができたにすぎないという程度に考えるべきである。

　推敲は、判決書を書き上げた直後ではなく、少し日を置いてから、心理的にも距離を置いて行うことが望ましい。必要十分な記載がされているか、必要のない記載はないか、結論に至る過程は分かりやすく表現されているか、論理や判断に飛躍はないか、用いた経験則に無理はないかといった観点から見直すべきである。

　誤字脱字の修正や表現の統一、文章としての分かりやすさのほか、特に、「前提事実」欄については争点の位置付けや当事者の主張の意味内容を把握する上で必要な事実が記載され、かつ、その範囲を超える記載がないものになっているか、「争点及び当事者の主張」欄については主張の骨子を適切に要約した内容になっているか、「認定事実」欄については後の理由説示において用いる事実と事案の全体像を把握する上で重

要な事実とで構成されているか、理由説示の中でなぜその結論になった
のかという点（特に、要証事実を肯定する方向の間接事実が認められる
のに、結論として要証事実を認められないとした理由、要証事実を否定
する方向の間接事実が認められるのに、結論として要証事実が認められ
るとした理由）が言語化されているかを確認する。「前提事実」欄、「争
点及び当事者の主張」欄及び「判断」欄、また、「判断」欄の中でも「認
定事実」欄と理由説示部分とがそれぞれ互いに関連していることを意識
して、推敲を進めるべきである[159]。

---

[159] 推敲作業中、不要な記載を削除しようとした際、後にその部分を復活させたいと思
うようになるかもしれないと考えて、削除することを躊躇する場合がある。しかし、
そのような場合は、削除する部分を判決書の末尾の部分や別ファイルなどに移してお
けばよい。そうすれば、後に記載を復活させることは容易である。
　ヒアリングでは、「前提事実」欄や「認定事実」欄に必要以上の雑多な事実を記載
してしまう原因として、次のような指摘があった。すなわち、人証調べまでに「事案
の概要」欄や「認定事実」欄の骨格を準備した際、「念のため」に書いていた事実の
うち、審理の結果、判決書に記載する必要がなくなった事実を削除せずにそのまま放
置しているのではないかというものである。推敲の過程で、その記載が真に必要な記
載なのかを再度確認し、なぜ記載するのか説明できないような事実は削除すべきであ
る。

# 第5章　結語

　本報告書を通じて再三述べてきたとおり、判決書は審理の結果の報告書であり、判決書の内容は、審理の内容によって決まる。したがって、判決書の質の上限は、審理の質によって規定される。判決書を作成する段階になってからどれほど労力を費やしたとしても、判決書の質が審理の質を超えることはない。分かりやすく、説得力のある判決書（無駄な記載がなく、かつ、重要な点は丁寧に説明されている判決書）を作成するためには、審理の質を上げる、すなわち、まず争点整理において論理的で明晰な主張分析をし（主要事実のみでなく、間接事実や書証等の位置付けに関する分析を含む。）、これを当事者と共有した上、核心に迫った証拠調べを行うことによって、良質の心証形成をする必要がある。そして、そのためには、要件事実の理論と事実認定の技法に関する深い理解が不可欠である。質の高い判決書を作成することは、上記のような充実した審理を行うことによって初めて実現できるのである。

　また、忘れてはならないのは、判決書が審理の反映である以上、審理の在り方が変われば、判決書の在り方も当然に変わるということである。事案の内容や当事者の応訴態度等によって、望ましい審理の在り方は一律ではない。そうである以上、判決書の在り方も、それを反映させて異なったものとなってしかるべきである。一定の型を決め、どのような事案にもその型を無理に当てはめるといったことはすべきでない。さらに、時代の変化に応じて審理の在り方が変わっていけば、それに応じて判決書の在り方も変わっていくべきであり、一度決めた型にいつまでも固執するということはあってはならない。判決書の在り方については、審理の在り方と併せて、個々の裁判官が今後も不断に検討を続け、改善・工夫を重ねていくことが求められており、本報告書は、これを行う契機となるものといえよう。

資　料　編

# 資料編　参考判決書集

※　項目番号の階層が下がるごとに字下げ（インデント）をしているもの（参考判決書1、3）としていないもの（参考判決書2、4、5、6、7、8）を掲載した。

1 建物明渡等請求事件（亡父所有家屋についての内妻の占有権原）

主　　　　文
1　原告の請求をいずれも棄却する。
2　訴訟費用は原告の負担とする。
事 実 及 び 理 由
第1　請求
1　被告は、原告に対し、別紙物件目録記載の建物を明け渡せ。
2　被告は、原告に対し、令和2年5月1日から上記建物の明渡済みまで
　1か月5万円の割合による金員を支払え。
第2　事案の概要
1　別紙物件目録記載の建物（以下「本件居室」という。）は、亡A（令
　和2年5月1日死亡）が所有していた。本件居室には、亡Aと被告が住
　んでいたが、亡Aの死亡後は、被告が一人で住んでいる（被告は、亡A
　と内縁関係にあったと主張している。）。
　　原告（亡Aの子）は、本件居室を相続したとして、所有権に基づき、
　被告に対し、その明渡しを求めるとともに、不法行為に基づき、令和2
　年5月1日から本件居室の明渡済みまで月額5万円の割合による賃料相
　当損害金の支払を求めている。
　　被告は、①本件居室の死因贈与を受けた、②そうでないとしても、本
　件居室につき使用借権を有している、③また、原告の請求は権利の濫用
　に当たると主張している。
2　前提事実（証拠等を掲記した事実以外は、当事者間に争いがない。）
　(1)　原告の母であるB（昭和21年生まれ）と父である亡A（昭和22
　　年生まれ）とは、昭和47年に婚姻し、昭和48年に長男である原告
　　をもうけた。（甲2）
　(2)　亡Aは、●市●区□□所在の土地を購入して建物（以下「□□の建
　　物」という。）を建て、B及び原告と共に住んでいたが、昭和50年

-122-

頃、□□の建物を出る形で別居し、遅くとも昭和５３年頃から、被告
（昭和３０年生まれ）と同居して生活するようになった。（乙２、３、
被告本人及び弁論の全趣旨）

(3) 亡Ａは、平成１０年８月、本件居室（●市▲区内にあるマンション
の一室）を購入し、同年１２月頃以降、本件居室において被告と同居
して生活していた。

(4) 令和２年５月１日、亡Ａは死亡した。亡Ａの相続人は原告及びＢで
あったところ、同年８月３１日、遺産を全て原告が相続する旨の遺産
分割協議が成立した。（甲３及び弁論の全趣旨）

(5) 被告は、亡Ａの死亡後も本件居室に居住している。

3 争点及び当事者の主張

(1) 被告と亡Ａとの内縁関係の有無

（被告の主張）

　　被告は、昭和５３年頃から亡Ａと同居し、平成１０年以降は、本件
居室において、長期間にわたり亡Ａとの同居生活を継続した。その間、
被告は、家事全般を担うとともに、パート勤務も行い、平成１９年に
亡Ａが勤務先を退職してからは、主に被告が家計を支えた。また、被
告は、亡Ａとの同居期間中、亡Ａの実家に妻として出入りし、亡Ａの
親族とも交流を持っていた。他方、亡Ａは、少なくとも平成１０年以
降、□□の建物に宿泊したことはなく、遅くともその頃までには、Ｂ
との間で実質的な夫婦関係は失われていた。

　　以上の事情に照らせば、被告と亡Ａは同居を開始した昭和５３年頃、
遅くとも本件居室において同居生活を開始した平成１０年頃には、内
縁関係にあったというべきである。

（原告の主張）

　　被告が亡Ａと内縁関係にあったとはいえない。

　　すなわち、亡Ａは、昭和５０年頃にＢと別居した後も、平成２０
年頃までは、１か月に２回ないし２か月に１回くらいの頻度で□□

の建物に来て宿泊していた。宿泊しなくなってからも、その後１０年くらいの間は、２、３か月に１回程度、□□の建物を訪れており、それがなくなってからも、Ｂと電話で話をすることがあった。また、亡Ａは、Ｂと別居した後も、長期間にわたり、生活費として毎月５万円程度をＢに交付又は送金していた。このように、Ｂと亡Ａとの婚姻関係の実質は失われていなかった。

　　さらに、亡Ａが入院した際には、Ｂが見舞いに訪れるなどし、亡Ａの葬儀や法事は全て原告が喪主等として主催した。一方、被告はこれに出席していない。Ｂの親族は、Ｂと亡Ａとが別居していた事実を知らなかったし、亡Ａの兄弟らは、被告のことを内縁の妻ではなく、単なる交際関係のある者と認識していた。

⑵　本件居室の所有権又は共有持分権の有無

（被告の主張）

　ア　上記⑴（被告の主張）記載の事情の下で、亡Ａの生前、被告と亡Ａとの間では、本件居室について、死因贈与契約が締結されていたから、亡Ａの死亡により、被告が本件居室の所有権を取得した。

　イ　仮にそうでないとしても、本件居室の住宅ローンの返済については、被告もその一部を負担し、又は被告と亡Ａとの共同生活において形成された資産から支払われたものであるから、被告は、本件居室について２分の１の共有持分を有している。

　ウ　したがって、被告は、本件居室について所有権又は共有持分を有しているから、本件居室を使用する権原がある。

（原告の主張）

　ア　被告と亡Ａとの間で死因贈与契約が締結されていたことは否認する。

　イ　被告が本件居室の共有持分を有しているとの主張は争う。

⑶　使用借権の有無

（被告の主張）

被告と亡Aは、本件居室において長期間にわたり同居生活を送り、内縁関係を形成していたのであるから、両者の間には、亡Aの死亡後、被告が死亡するまで、本件居室を被告に無償で使用させる旨の黙示の使用貸借契約が成立していたというべきである。

（原告の主張）

被告の主張は、否認ないし争う。

(4) 権利の濫用の成否

（被告の主張）

被告は、高齢であり、本件居室以外に居住する場所はないから、本件居室を明け渡さなければならないとすれば、生活の基盤を失い、多大な不利益を被る。他方、原告及びBには、亡Aから相続した□□の建物という安定した住居が確保されている。また、Bは、亡Aの遺族年金も受給している。

被告と亡Aとの内縁関係が長期間にわたり、他方、Bと亡Aとの婚姻関係の実質は相当以前から失われているにもかかわらず、被告には相続権ばかりか本件居室の居住権もないとすれば、極めて不公平な結果となる。

以上の事情に照らし、原告の請求は権利の濫用であって許されない。

（原告の主張）

被告は、長年にわたってパート勤務をしており、亡Aの死後も経済的基盤を失うわけではない。他方、Bが居住している□□の建物は、坂の上にあり、高齢のBにとって生活上の負担が大きい。また、□□の建物は、老朽化が進んでおり、修繕すると多額の費用もかかるため、原告及びBは、エレベーターが設置されているなど利便性の高い本件居室の明渡しを受け、そこに転居する必要がある。

したがって、原告の請求が権利の濫用であるとはいえない。

(5) 賃料相当損害金の額

（原告の主張）

本件居室の賃料相当損害金の額は、1か月当たり5万円を下らない。

（被告の主張）

　　　否認する。

第3　当裁判所の判断

1　認定事実

　　　前記前提事実並びに掲記の証拠及び弁論の全趣旨によれば、以下の各事実が認められる。

(1)　亡Aは、昭和47年にBと婚姻し、長男である原告をもうけたが、昭和50年頃、自宅を出る形で別居した。そして、昭和52年頃から被告との交際を開始し、昭和53年頃から●市内の賃貸マンション等で被告と同居して生活するようになった。（乙3、被告本人及び弁論の全趣旨）

(2)　亡Aは、Bと同居していた頃から●市内の会社に勤務し、平成19年に定年退職するまで、同社で勤務していた。（乙3、証人B、原告本人、被告本人及び弁論の全趣旨）

(3)　亡Aは、平成10年8月24日、被告と居住するため、本件居室を代金3000万円で購入し、亡A単独名義の所有権移転登記がされた。代金3000万円のうち、頭金500万円は亡Aの貯蓄から支払い、残額2500万円については亡Aが借主となって住宅ローンを組んだ。そして、主に亡Aの給与収入でその返済を続け、平成19年に完済した。（甲1、乙3、被告本人）

(4)　亡Aと被告は、平成10年12月頃、本件居室に入居し、本件居室を住所として住民登録を移転し、亡Aが死亡するまで、同居生活を継続した。（乙1、3、被告本人及び弁論の全趣旨）

(5)　被告と亡Aとの共同生活においては、主に被告が日常の家事や家計の管理を行い、被告がパート勤務で得た収入も生活費の一部に充てられた。被告の勤務する店舗には、亡Aの親族らが訪れることがあり、亡Aの姪の一人は、同店舗でアルバイトとして働いた。（乙3、

被告本人及び弁論の全趣旨）

(6)　亡Aは、Bと別居した後も、平成２７年頃までの間は、２、３か月に１回程度、□□の建物を訪れ、Bや原告と面会するなどしていた。また、平成３０年及び令和元年に亡Aが入院した際、Bは何度か見舞いに訪れた。亡Aは、Bとの別居後も長期間にわたり、被告に送金手続を依頼するなどして、Bに対し、毎月５万円程度の支払を継続していた。（甲２７、２８、乙３、証人B、原告本人、被告本人及び弁論の全趣旨）

(7)　亡Aは、令和２年５月１日に７３歳で死亡した。亡Aの死亡時、被告は６５歳であった。（弁論の全趣旨）

　　亡Aの葬儀は、原告が喪主となって執り行われた。被告は、葬儀に出席することを原告から勧められたものの、出席しないこととし、亡Aの葬儀費用として２００万円余りを原告に交付した。（甲２、乙３、８及び弁論の全趣旨）

２　被告と亡Aとの内縁関係の有無

　　上記認定事実記載のとおり、被告と亡Aは、昭和５３年頃から同居生活を開始し、平成１０年１２月頃以降は、両名が居住するために購入した本件居室において共に住民登録を行い、亡Aが死亡するまでの間、同居開始からは４０年以上、本件居室で同居するようになってからでも２０年以上の長期間にわたり、同居生活を継続していたものである。そして、その間、主に被告が日常の家事や家計の管理を行い、生活費の分担もして共同の社会生活を営んでいたこと、亡Aの親族らも被告の存在を認識していたことなどからすると、両名の生活状況は夫婦同様のものであったということができる。以上の事実関係に照らせば、被告と亡Aとの関係は、遅くとも本件居室が購入された平成１０年頃には、内縁関係を形成していたというべきである。

　　原告は、Bと亡Aとの婚姻関係の実質は失われていなかったとして、被告と亡Aの関係が内縁関係には至っていなかったと主張する。しかし、

Bと亡Aとは、昭和５０年の別居後、一度も同居したことがなく、その
ことについて、婚姻関係悪化以外の事情があったことを認めるに足りる
証拠はない。また、亡Aが、平成２０年頃まで、少なくとも２か月に１
回くらいの頻度で□□の建物に宿泊していた事実を認めるに足りる証拠
もない。そうすると、別居中に亡Aが□□の建物を訪れたことがあった
ことなど、上記認定事実(6)のような事情はあるものの、これらは、形式
上Bと亡Aとの婚姻関係が継続しており、また、原告が亡Aの実子であ
ることをも考慮すれば、Bと亡Aとの婚姻関係の実質が失われていな
かったとみるべき事情と認めることは困難であるといわざるを得ない。
　なお、実質はともかく、亡Aの法律上の妻がBである以上、被告が亡
Aの葬儀に出席しなかったことをもって、上記判断を左右する事情とは
いえない。また、原告の親族らの被告に対する認識も同様に上記判断を
左右するものではない。

3　本件居室の所有権又は共有持分権の有無

(1)　被告は、亡Aの生前、本件居室について死因贈与契約が締結され
ていたと主張する。そして、亡Aと被告とが内縁関係にあり、長期
間にわたって二人で本件居室に住んでいたことは、前記認定のとお
りである。しかし、このような事情のみから、本件居室について死
因贈与契約が締結されていたと認定することはできない。加えて、
亡Aは、相続人（B及び原告）がいるのであるから、死後、本件居
室を被告に所有させることを意図していたのであれば、そのことを
示す書面を作成するなどしておく必要があることを認識することが
できたと考えられるにもかかわらず、そのような措置をとっていな
い。このことも考慮すれば、死因贈与契約が締結された事実を認め
ることはできないというべきである。

(2)　被告は、本件居室について２分の１の共有持分を有しているとも
主張する。しかし、本件居室を購入するに当たり、被告が働いて得
た収入が住宅ローンの返済金の一部に充てられることがあったとし

ても、そのことをもって直ちに被告が本件居室の共有持分を取得したと認めることは困難である。そして、前記認定事実のとおり、本件居室は、亡Aが売買契約を締結し、亡Aの単独名義で所有権移転登記がされ、住宅ローンも亡Aのみが債務者となり、その返済期間の終期を亡Aの定年退職の時期に合わせていたことなどの事情に鑑みれば、本件居室は亡Aの単独所有であったというべきである。

4　使用借権の有無

　　亡Aが平成１０年に本件居室を購入し、被告と亡Aが本件居室に住民登録を移転していること、この頃から亡Aと被告とが内縁関係にあったことからすると、本件居室は、亡Aが被告との生活の本拠とするために購入したものと認められる。そして、その後、被告と亡Aは、本件居室において２０年以上の長期間にわたり同居生活を送っていた。また、被告に本件居室以外の居住場所が確保されていたことをうかがわせる証拠はない。そうすると、亡Aは、自らの死亡後に被告が本件居室を明け渡さなければならない事態となることを想定していなかったと考えられる。上記２で説示したとおり、被告と亡Aとは、平成１０年頃以降、内縁関係を形成しており、本件居室の購入や維持に関しても、相当程度の被告の寄与があったと認められることも考慮すれば、両者の間には、亡Aの死亡後は、被告が死亡するまで、本件居室を被告に無償で使用させる旨の黙示の使用貸借契約が成立していたと認められる。

　　このように考えたとしても、Bや原告は、もともと本件居室の購入や維持に何ら関与したことはなく、亡Aから相続した□□の建物という居住場所も確保されており、同建物が老朽化等により直ちに使用困難となるなどの事情を認めるに足りる証拠もないことからすれば、被告を不当に保護するものとはいえない。

5　以上によれば、その余の点について判断するまでもなく、原告の被告に対する請求には理由がないこととなる。

第4　結論

よって、原告の請求はいずれも理由がないから、これを棄却すること
　とする。
（別紙物件目録は省略）

2　貸金等請求事件（二段の推定と契約の成立）

主　　　　　文

1　被告Ｙ１は、原告に対し、３４０万円及びこれに対する令和４年１０月１７日から支払済みまで年３％の割合による金員を支払え。
2　原告の被告Ｙ２に対する請求を棄却する。
3　訴訟費用は、原告に生じた費用の２分の１と被告Ｙ１に生じた費用を同被告の負担とし、原告に生じたその余の費用と被告Ｙ２に生じた費用を原告の負担とする。
4　この判決は、主文第１項に限り、仮に執行することができる。

事　実　及　び　理　由

第1　請求
1　被告Ｙ１は、原告に対し、３４０万円及びこれに対する令和４年１０月１７日から支払済みまで年３％の割合による金員を、３００万円及びこれに対する同日から支払済みまで年３％の割合による金員の限度で被告Ｙ２と連帯して支払え。
2　被告Ｙ２は、原告に対し、被告Ｙ１と連帯して、３００万円及びこれに対する令和４年１０月１７日から支払済みまで年３％の割合による金員を支払え。
第2　事案の概要
本件は、原告が、被告Ｙ１に２回にわたって金銭を貸し付け、うち１回については被告Ｙ２が連帯保証したと主張して、①被告Ｙ１に対しては、消費貸借契約に基づき、貸金元本合計４００万円から弁済受領額を控除した残額である３４０万円及びこれに対する催告に係る相当期間の満了日の翌日である令和４年１０月１７日から支払済みまで民法所定の年３％の割合による遅延損害金の支払を（ただし、３００万円及びこれに対する遅延損害金の限度で被告Ｙ２と連帯）、②被告Ｙ２に対しては、連帯保証契約に基づき、被告Ｙ１と連帯して３００万円及びこれに対する同様の遅延損害金の支払を求め

た事案である。

1　前提事実（当事者間に争いのない事実並びに弁論の全趣旨及び掲記の証拠により容易に認められる事実）

(1)　原告は、不動産仲介業を営む者である。Aは、原告の妻であったが、令和4年2月に死亡した（甲8、原告本人）。

被告Y1（昭和45年生まれ）は、輸入衣料品等の販売業を営んでいたが、令和2年2月に廃業した。被告Y2（平成3年生まれ）は、被告Y1の子である。（甲3、5、乙1、2、4、被告Y1本人）

(2)　被告Y1が原告から100万円を借り受けた旨が記載された令和元年5月27日付け金銭借用証書が存在する（甲1。以下、同証書に関して原告が主張する契約を「本件消費貸借契約1」という。ただし、同証書が真正に成立したものかは争いがある（争点(1)）。）。

(3)　被告Y1が原告から300万円を借り受け、被告Y2が連帯保証した旨が記載された令和2年1月9日付け金銭借用証書が存在する（甲2。以下、同証書に関して原告が主張する消費貸借契約を「本件消費貸借契約2」といい、同じく連帯保証契約を「本件連帯保証契約」という。ただし、同証書の被告Y1作成部分及び被告Y2作成部分のいずれについても、真正に成立したものかは争いがある（争点(2)、(3)）。）。

(4)　原告は、令和4年10月9日、被告らに対し、被告Y1については本件消費貸借契約1の貸金100万円のうち弁済として受領したとする額を控除した残額40万円と本件消費貸借契約2の貸金300万円との合計340万円を、被告Y2については本件消費貸借契約2の貸金300万円を、それぞれ同月16日までに支払うよう催告した。

2　争点

(1)　本件消費貸借契約1の成否

(2)　本件消費貸借契約2の成否

(3)　本件連帯保証契約の成否

3　争点についての当事者の主張

(1) 争点(1)（本件消費貸借契約１の成否）について

（原告の主張）

原告は、令和元年５月２７日、Ａを通じて、被告Ｙ１に対し、弁済期の定めなく１００万円を貸し付けた。

甲１の被告Ｙ１の印影は被告Ｙ１の実印により被告Ｙ１の意思に基づいて顕出されたものであり、甲１は真正に成立したものである。

（被告Ｙ１の主張）

被告Ｙ１は、令和元年５月２７日に原告から１００万円の交付を受けていない。被告Ｙ１が原告から同額の貸付けを受けた事実はない。

甲１の真正な成立は否認する。被告Ｙ１の印影は被告Ｙ１の実印によるものであるが、これはＡとの共同事業を開始する準備のためにＡに預けていた被告Ｙ１の実印をＡが冒用したものである。

(2) 争点(2)（本件消費貸借契約２の成否）について

（原告の主張）

原告は、令和２年１月９日、被告Ｙ１に対し、弁済期の定めなく３００万円を貸し付けた。

甲２の被告Ｙ１名義の署名は被告Ｙ１によるものであるとともに、押印も被告Ｙ１の意思に基づくものであるから、甲２の被告Ｙ１作成部分は真正に成立したものである。

（被告らの主張）

被告Ｙ１は、令和２年１月９日に原告から３００万円の交付を受けていない。被告Ｙ１が原告から同額の貸付けを受けた事実はない。

甲２の被告Ｙ１作成部分の真正な成立は否認する。被告Ｙ１名義の署名は被告Ｙ１によるものであり、押印も被告Ｙ１の意思に基づくものであるが、被告Ｙ１は、Ａから、共同事業を立ち上げる準備のために後日必要になるかもしれないと言われて署名押印したにすぎず、署名押印をした時には「３００万円」との記載はなかった。

(3) 争点(3)（本件連帯保証契約の成否）について

（原告の主張）

被告Ｙ２は、令和２年１月９日、原告との間で、本件消費貸借契約２に基づく貸金返還債務を被告Ｙ１と連帯して保証するとの合意を書面（甲２）でした。甲２の被告Ｙ２作成部分は真正に成立したものである。

（被告Ｙ２の主張）

被告Ｙ２が本件連帯保証契約を締結した事実はない。甲２の被告Ｙ２作成部分の真正な成立は否認する。甲２の被告Ｙ２の署名は被告Ｙ２のものではなく、被告Ｙ２の印影も被告Ｙ２の印章によるものではない。

第３　争点に対する判断

１　認定事実

前記前提事実並びに後掲各証拠及び弁論の全趣旨によれば、以下の事実が認められる。

⑴　原告の妻Ａは、衣料品輸入販売業に関心があり、原告から資金提供を受けて起業の準備を進めていたところ、平成３０年頃、被告Ｙ１が経営していた輸入衣料品店の顧客として被告Ｙ１と知り合い、親しく交流するようになった。そして、被告Ｙ１に対し、原告は不動産取引で成功しており、金銭を貸してもらうこともできるとして、輸入衣料品店の２号店を出店することを勧めた。また、被告Ｙ１とＡとの間で、輸入衣料品店の共同経営が話題になることもあったが、具体的な計画には至らなかった。(甲８、乙１、原告本人、被告Ｙ１本人)

⑵　Ａは、令和元年５月上旬頃、原告に対し、親友である被告Ｙ１が事業の運転資金を必要としているので、被告Ｙ１に１００万円を貸してあげて欲しいと依頼した。原告は、妻であるＡからの依頼でもあり、Ａの親友であれば信用してもよいと考え、被告Ｙ１とは会うことなく、同月２７日に原告の預金口座から引き出した現金１００万円をＡに渡し、同日、被告Ｙ１が原告から１００万円を借り受けた旨が記載された同日付け金銭借用証書（甲１）をＡから受け取った。原告は、同日、自身の業務日誌に「Ａの友人Ｙ１に１００万」と記入した。同日誌の同記入箇所には加筆修正した痕跡がない。(甲

１、７、８、原告本人）

　その後、令和元年７月末までに、原告はＡから合計６０万円を受け取り、前記貸金の弁済に充当した（甲８、原告本人）。

　(3)　Ａは、令和元年１２月下旬頃、原告に対し、被告Ｙ１に運転資金として３００万円を貸してあげて欲しいと依頼した。原告はこれに応じることとしたが、融資額が高額であり、上記(2)の貸金も一部しか返済されていなかったため、被告Ｙ１の身内の保証人を付けること等を求めた。令和２年１月９日、原告は、自宅近くのレストランで被告Ｙ１と会い、同日に原告の預金口座から引き出した現金３００万円を被告Ｙ１に渡した。その際、被告Ｙ１が原告から３００万円を借り受け、被告Ｙ２が連帯保証した旨が記載された同日付け金銭借用証書（甲２）と、同日付けの被告Ｙ１の印鑑登録証明書（甲６）を被告Ｙ１から受け取った。（甲２、６、８、原告本人）

　(4)　事実認定の補足説明

　被告らは、原告の供述について、Ａに提供した起業資金をＡが自己のために費消してしまったことから、その責任を被告らに押し付けようとするものであって、信用することができないと主張する。しかし、原告の供述の要旨は、被告Ｙ１に対する貸付けとＡに対する起業資金の提供とは、金銭借用証書の交付を受けるか否かによって区別されている、被告Ｙ１に対する１回目の貸付けではＡからの紹介ということでＹ１を信用した、２回目の貸付けでは身内の被告Ｙ２を連帯保証人とし、被告Ｙ１とも直接面談して確認したというものである。このような原告の供述は、原告が作成し、作成後に加筆修正した痕跡のない業務日誌に「Ａの友人Ｙ１に１００万」との記載があること（前記認定事実(2)）にも符合しており、貸付けに至る経緯について格別不自然な点はうかがわれない。このような事情に加えて、Ａと被告Ｙ１との人間関係（前記認定事実(1)）等にも照らせば、Ａへの資金提供の金額に関する説明等において曖昧な部分が一部あるものの、前記の認定の限度において十分に信用することができる。

　２　争点(1)（本件消費貸借契約１の成否）について

甲1（被告Ｙ１の印影が被告Ｙ１の実印によるものであることは当事者間に争いがないので、その印影は被告Ｙ１の意思に基づいて顕出されたものと推定されるから、真正に成立したものと推定される。）及び原告本人の供述によれば、令和元年５月２７日に原告が被告Ｙ１に１００万円を弁済期の定めなく貸し付けた事実が認められる。

被告Ｙ１は、甲1の被告Ｙ１の印影について、共同事業を開始する準備のために被告Ｙ１がＡに預けていた実印をＡが冒用したものであると主張し、これに沿う供述・陳述をする。しかし、被告Ｙ１とＡとの間で、輸入衣料品店の共同経営が話題になることはあったものの、計画が具体化するには至っていなかったこと（前記認定事実(1)）を踏まえると、当時、自身の事業を営んでいた被告Ｙ１（前記認定事実(1)）がＡに実印を預けるという事態は考え難い。このことに、被告Ｙ１はＡから原告について不動産取引で成功しており依頼すれば金銭を貸してもらうことができると聞いていたこと（前記認定事実(1)）、貸付けに至る経緯に格別の不自然さがないこと（前記認定事実(2)）、甲1の「Ｙ１」の筆跡が甲2の「Ｙ１」の筆跡（被告Ｙ１の自書によるものであることに争いがない。）に類似すること（「Ｙ１」の全体的な形状、特に「辻」の字のしんにょうの形状等において類似している。）を総合すると、被告Ｙ１の上記供述・陳述部分を採用することはできず、他に甲1の被告Ｙ１の印影が被告Ｙ１の意思に基づいて顕出されたとの推定を覆すべき事情は認められない。

3　争点(2)（本件消費貸借契約２の成否）について

(1)　甲2の被告Ｙ１作成部分（被告Ｙ１の署名が被告Ｙ１によるものであること及び押印が被告Ｙ１の意思に基づくものであることは当事者間に争い

がないから、真正に成立したものと推定される[1]。）及び原告本人の供述によれば、原告が令和2年1月9日に被告Y1に300万円を弁済期の定めなく貸し付けた事実が認められる。

(2) 被告らは、①被告Y1は、Aから、共同事業を立ち上げる準備のために後日必要になるかもしれないと言われて甲2に署名押印したにすぎず、署名押印した時には「300万円」との記載はなかった（被告Y1はこれに沿う供述・陳述をする。）、②被告Y1は、令和元年冬頃には廃業の準備を始め、同年11月には同業者と再婚しており、このような時期に新たに300万円もの借入れをすることはあり得ない（これに沿う証拠として、乙5の1～3、7、8があるほか、被告Y1はこれに沿う供述・陳述をする。）、③被告Y1が令和2年1月9日に原告に会ったことはない（被告Y1はこれに沿う供述・陳述をする。）と主張する。

しかし、前記①については、被告Y1がAとは親しく交流する関係であったこと（前記認定事実(1)）を踏まえても、共同事業を立ち上げる準備のために後日必要になるかもしれないという程度の理由で、実際に貸付けを受けたわけでもないのに金銭借用証書に署名押印するというのは想定し難いし、それまで事業を営んでいた被告Y1（前記前提事実(1)）が金額欄を空欄とした状態で金銭借用証書に署名押印するという事態も考え難い。このことに、甲1の真正な成立が認められるとともにその記載内容どおりの事実が認められること（前記2）、貸付け等に至る経緯に格別の不自然さがないことを併せ考慮すれば、被告Y1の前記供述・陳述部分を採用することはできない。

前記②については、証拠（乙5の1、乙7）及び弁論の全趣旨によれば、被告Y1が令和元年末には輸入衣料品店を閉店し、同年11月に婚姻した事

---

1 作成者名義の署名と押印がある場合、そのいずれかについて本人の意思に基づくことが認められれば、文書の真正な成立が推定される（民訴法228条4項）。したがって、被告Y1による署名及び押印の双方が意思に基づくことを摘示するのは必要的ではないが、その双方があることによってより強く推定されるともいえるため、署名と押印の双方について記載している。

実が認められるものの、被告Y1は、閉店時には賃料債務等合計約500万円の債務を負っており、その返済を迫られていたこと（原告本人、被告Y1本人）等に照らせば、被告Y1が令和2年1月9日の段階で借入れの必要がなかったとは考えられず、同日に新たに300万円の借入れをすることが不自然とはいえない。そうすると、前記事実は、前記(1)の認定を左右するものではない。

前記③については、原告は被告Y1と相反する供述・陳述をしているところ、前記2のとおり、甲1の被告Y1作成部分は被告Y1の供述・陳述に反して真正に成立したと認められること、原告の供述・陳述は具体的であって客観的証拠（甲6～8）にも符合すること等に照らせば、被告Y1の前記供述・陳述部分を採用することはできない。

以上によれば、被告らの前記①から③までの主張はいずれも採用することができず、他に甲2の被告Y1作成部分の真正な成立の推定を覆すべき事情は認められない。

4　争点(3)（本件連帯保証契約の成否）について

保証契約は、書面又は電磁的記録でしなければ、その効力を生じないとされているところ（民法446条2項、3項）、原告は、甲2の被告Y2作成部分がその書面に当たると主張するので、その真正な成立が認められるか検討する。

甲2の被告Y2の印影が被告Y2の印章によるものであることを認めるに足りる証拠はない。また、被告Y2の署名も、本件記録中の訴訟委任状の被告Y2の筆跡とは明らかに異なっているから、被告Y2の自署とは認められない（かえって、甲2の被告Y2の署名は、被告Y1の筆跡と類似しており（「Y2」の全体的な形状、特に「辻」の字のしんにょうの形状等において類似している。）、被告Y1が記載したものである可能性が高い。）。さらに、原告は、被告Y2に対する保証意思の確認をしておらず、被告Y2と面会もしていない（原告本人）。そして、他に甲2の被告Y2作成部分の成立の真正を認めるに足りる証拠はない。

よって、被告Ｙ２が本件連帯保証契約を書面で締結した事実を認めることはできない[2]。

　5　結論

　以上の次第で、原告の被告Ｙ１に対する請求は理由があり、被告Ｙ２に対する請求は理由がない。

---

2　原告は、令和２年１月９日に被告Ｙ２と連帯保証契約を締結したと主張しており、平成29年法律第44号による改正前の民法が適用されるため、現行民法465条の６以下で規定される事業性債務の保証契約の特則(保証意思宣明公正証書の作成)は適用されない。

3 報酬請求事件（税理士への委任が途中解約された場合の報酬）

主　　　　文

1　被告は、原告に対し、１９２万円及びこれに対する令和元年９月１日
から支払済みまで年５分の割合による金員を支払え。

2　原告のその余の請求をいずれも棄却する。

3　訴訟費用は、これを３分し、その１を原告の負担とし、その余は被告
の負担とする。

4　この判決は、第１項に限り、仮に執行することができる。

事　実　及　び　理　由

第1　請求

被告は、原告に対し、３００万円及びこれに対する令和元年９月１日
から支払済みまで年５分の割合による金員を支払え。

第2　事案の概要

1　事案の要旨

被告は、相続税に係る税務代理等を原告（税理士）に委任したが、契
約を中途で解除した。

原告は、①民法（平成２９年法律第４４号改正前のもの。以下同じ。）
６４８条３項に基づく報酬（既にした履行の割合に応じた報酬）、②民
法６５１条２項に基づく損害賠償（不利な時期に解除されたことによる
損害賠償）又は③委任契約に定められた損害賠償（正当な理由なく解除
されたことによる損害賠償）として、３００万円及びこれに対する催告
の後の日である令和元年９月１日から支払済みまで民法所定の年５分の
割合による遅延損害金の支払を求めている（①、②及び③は、選択的併
合）。

2　前提事実（当事者間に争いがないか、後掲の証拠及び弁論の全趣旨に
より容易に認められる。）

(1)　原告は、税理士である。

(2)　被告は、平成３０年１２月に死亡したＡの子であり、唯一の相続人である。

(3)ア　被告は、令和元年５月２日、Ａの相続（以下「本件相続」という。）に係る相続税の税務代理等を原告に委任した（以下「本件委任契約」という。）。

　　イ　本件委任契約には、以下の条項がある。（甲２）

　　　(ｱ)　被告は、原告に対し、次の業務を委任する。（１条）

　　　　①　本件相続に係る相続税の税務代理、税務相談、税務書類の作成

　　　　②　本件相続に係る税務調査の立会い

　　　(ｲ)　報酬金額は５４０万円（消費税込み）とし、うち中間金は２４０万円とする。（４条）

　　　(ｳ)　中間金は、本契約成立の日から１０日以内に支払うものとし、残金３００万円は、相続税申告書作成の日から１０日以内に支払うものとする。（５条）

　　　(ｴ)　原告及び被告は、正当な理由なく本契約を破棄した場合、違約金を支払う義務を負う。ただし、その範囲は報酬金額を限度とする。（６条）

(4)　被告は、令和元年５月１１日、原告に対し、中間金として２４０万円を支払った。

(5)　原告は、令和元年６月２９日、本件相続に係る相続税申告書を被告に渡した。同申告書記載の申告納税額は、１億２６８５万９２００円であった。

(6)　被告は、令和元年７月２８日、原告に対し、本件相続について委任する税理士を別の税理士に変更したいと伝えた。そして、同年８月４日、原告に対し、本件相続に係る相続税の計算を他の税理士に依頼したところ税額が１億１０００万円台に下がったため、本件委任契約を解除すると記載した書面を送付した。

(7) 原告は、令和元年8月7日頃、被告に対し、本件委任契約に基づく
違約金300万円の支払を求めた。

3 争点

(1) 履行の割合に応じた報酬請求権（民法648条3項）の存否及び額

(2) 不利な時期に解除されたことによる損害賠償請求権（民法651条
2項）の存否及び額

(3) 正当な理由なく解除されたことによる損害賠償請求権（本件委任契
約6条）の存否及び額

4 争点に関する当事者の主張

(1) 履行の割合に応じた報酬請求権（民法648条3項[3]）の存否及び額
（原告の主張）

被告が本件委任契約を解除したことについて、原告には何ら責めら
れるべき点はないから、本件委任契約は原告の責めに帰することがで
きない事由によって履行の途中で終了したということができる。した
がって、原告は、民法648条3項に基づき、既にした履行の割合に
応じて報酬を請求することができる。

原告は、令和元年6月29日には相続税申告書や相続税延納申請書
を作成し、所轄税務署に提出すれば足りる段階に至っていた。そして、
所轄税務署とも協議しながら、相続財産を遺漏なきよう計上した上、
税理士法33条の2第1項に規定する添付書面を作成していた。同書
面が添付されている場合、税務調査がされることはほとんどない。し
たがって、原告は、被告から受任した業務をほぼ100%遂行したか、
少なくとも95%は遂行したといえる。

---

3 平成29年法律第44号による改正前の民法が適用されるため、履行の割合に応じた報酬
を請求するためには、原告の責めに帰することができない事由により履行が途中で終了し
たことが必要である。なお、現行民法648条3項では、受任者である原告に帰責事由が
ある場合でも、履行の割合に応じて報酬を請求することができるとされている点に留意
する必要がある。

（被告の主張）

　　原告は、本件委任契約によって①相続税の税務代理、②税務相談、③税務書類の作成、④税務調査の立会いを受任したが（前提事実(3)イ(ｱ)）、処理をしたのは、③の一部のみである。また、被告に対する説明も、令和元年６月２９日に１回行ったのみであり、それ以外は進行状況について何ら説明することなく、見込み相続税額を伝えることもなく、勝手に処理を進めた。そして、納税額を下げることはこれ以上は難しいと原告が言っていたにもかかわらず、別の税理士の調査により、納税額を下げる方法があることが判明したのであり、原告は、そのような方法があることを説明しなかった。このように、原告が委任の本旨に従った行動をしなかったため、被告は本件委任契約を解除したのである。

　　したがって、本件委任契約が原告の責めに帰することができない事由によって終了したとはいえないから、報酬請求権は発生せず、仮に発生するとしても、既払金の額（２４０万円）を超えるものではない。

(2)　不利な時期に解除されたことによる損害賠償請求権（民法６５１条２項）の存否及び額

（原告の主張）

　　被告が本件委任契約を解除したのは、原告が委任事務を終了させる間際であったから、原告に不利な時期に委任が解除されたということができる。したがって、被告は、原告に対し、民法６５１条２項に基づき、これにより生じた損害を賠償しなければならない。

　　原告は、受任業務を完成させており、被告が解除しなければ３００万円を請求することができたから、同額の損害賠償請求権を有する。

（被告の主張）

　　被告が解除したのが原告に不利な時期であったとはいえない。また、上記(1)（被告の主張）のとおり、被告が本件委任契約を解除したこと

には正当な理由があり、本件委任契約6条（前提事実(3)イ(エ)）に照らし、このような場合には損害賠償を請求することができないというべきである。

(3) 正当な理由なく解除されたことによる損害賠償請求権（本件委任契約6条）の存否及び額

（原告の主張）

原告が税理士としての経験、知識に基づき、不動産の評価についての税務署の意見も参考にしながら適法、適正に相続税申告書や相続税延納申請書を作成し、所轄税務署に提出するだけの段階になって、被告は、相続税額が高いとして本件委任契約を解除した。そうすると、被告は、正当な理由なく本件委任契約を解除したというべきである。

したがって、原告は、被告に対し、本件委任契約6条に定められた違約金として、本件委任契約による３００万円の報酬請求権を失ったことによる損害賠償請求権を有する。

（被告の主張）

上記(1)（被告の主張）のとおり、解除には正当な理由がある。

第3 争点に対する判断

1 認定事実

後掲の証拠及び弁論の全趣旨によれば、次の事実が認められる。

(1) 被告は、Aの葬儀の際、Aの友人であるBから、本件相続に係る相続税申告（以下「本件相続税申告」という。）のための税理士を探して紹介するとの申出を受け、これを依頼した。（乙9、被告本人）

(2) Bは、平成３１年２月、ホームページで見つけた原告の事務所を訪ね、本件相続税申告について相談した。そして、Aの相続人の依頼を受けてBが行動していること、Aの相続財産の多くは貸地等の不動産であり、相続財産の総額が５億円前後であること、報酬額につき他の税理士からは４５０万円ないし５００万円と言われたが４００万円で依頼したいこと等を伝えた。原告は、Bに対し、戸籍関係の書類、固定資

産評価証明書、預貯金残高証明書等の添付書類の取り寄せを依頼者側で行うことを条件に、本件相続税申告とそれに必要な調査・手続等を報酬額５４０万円（消費税込み）で受けると述べた。

Bは、その後、被告の了解を得た上で、原告に対し、本件相続税申告を依頼すると伝えた。（甲１２、原告本人）

(3) 平成３１年３月２２日、被告は、Bと共に原告事務所を訪問し、原告と面談した。原告は、被告に対し、相続税申告に必要な手続全般について説明し、必要な書類の収集を依頼した。（甲１２、原告本人、被告本人）

(4) 原告は、Aの相続財産の調査を開始し、区役所や税務署に赴いて、相続財産である不動産の評価方法や道路の状況等を調査したり、不動産の所在地に赴いて、土地の形状や利用状況、建物の建築状況等について現地確認を行ったりした。また、被告は、原告の指示に従い、戸籍関係の書類、預貯金関係の書類、賃貸借契約書、地積測量図等を準備して、原告に交付した。

被告は、令和元年５月２日、Bを通じて、原告が作成した委任契約書を受け取り、これに署名押印した。（甲１、２、１２、乙９、原告本人、被告本人）

(5) 被告は、委任契約書の作成前に、Bと共に数回原告事務所を訪れ、また、原告が数回被告宅を訪れて、本件相続税申告の打合せ等を行ったが、委任契約書作成後は、Bを介さず、原告に直接電話をかけ、原告からも直接電話を受けるなどして、原告と本件相続税申告に関する打合せを行った。また、原告は、その間、法務局、県税事務所等に赴いて調査を行った。（甲１２、乙７、８、原告本人、被告本人）

(6) 原告は、令和元年５月末頃、被告に対し、納税額等を説明し、仮の評価明細書を送付した上で、同年６月２７日、本件相続に係る相続税申告書を完成させ、同月２９日、被告宅に相続税申告書及び相続税延納申請書を届けた。同申告書記載の取得財産の価額は約５億円、納付

すべき相続税額は1億2685万9200円であった。

　　被告は、原告作成の相続税申告書を受け取ったものの、納付すべき相続税額が予想していたより高額であったことから、原告に不満を述べた。原告は、再度検討すると述べつつ、税額は大きくは変わらないと伝えた。（甲3、12、乙9、原告本人、被告本人、弁論の全趣旨）

(7)　その後、被告は、友人から紹介されたＣ税理士に対し、原告から受領した相続税申告書等を見せて、納付すべき相続税が低くならないかを尋ねたところ、1億1000万円台になるとの回答を得た。

　　そこで、被告は、Ｃ税理士に本件相続税申告を依頼することとし、令和元年7月28日、原告に電話をかけ、別の税理士に本件相続税申告を依頼するとして、本件委任契約の解除を申し出た。そして、原告から、本件委任契約を解除する正当な理由について説明する書面の提出を求められ、「なるべく納税額を少なくしたい。」、「1円でも少ない納税の方がありがたい。」などと記載した書面を同年8月4日に提出した。（甲12、乙1、2、9、原告本人、被告本人）

(8)　Ｃ税理士は、令和元年10月10日、本件相続に係る相続税申告書を税務署に提出した。同申告書記載の取得財産の価額は、原告作成の相続税申告書記載のそれより約1700万円低額であり、納付すべき相続税額は、約700万円低額であった。

　　取得財産の差額のうち1000万円は、平成29年3月30日にＡからＤ株式会社に交付された1000万円につき、これを貸付金として計上するか（原告作成の相続税申告書）否か（Ｃ税理士作成の相続税申告書）によるものであるが、同社の出納帳には、上記金員はＡからの借入金である旨記載されていた。また、通り抜け不可能な私道の評価をゼロとするか（Ｃ税理士作成の相続税申告書）否か（原告作成の相続税申告書）で約300万円の差が生じていた。（甲3、8〜11、乙3、4、5の1〜3、弁論の全趣旨）

2　争点(1)（履行の割合に応じた報酬請求権の存否及び額）について

(1)　上記認定事実によれば、本件委任契約において原告が受任した業務
は、本件相続に係る相続税の税務代理、税務相談及び税務書類の作成
並びに税務調査の立会いであるところ、原告は、本件相続税申告に必
要な相続財産に係る資料の収集、現地調査、税務署等への問合せなど
を行い、相続税申告書及び相続税延納申請書を作成し、これを所轄税
務署に提出すれば足りる段階まで受任業務を遂行していたことが認め
られる。

　　被告は、その段階で本件委任契約を解除したものであるところ、そ
の理由は、税額を少しでも低く抑えたいというものにすぎず、本件全
証拠によっても、原告が作成した相続税申告書の内容に誤りがあるな
どの事情は見当たらないから、本件委任契約は原告の責めに帰するこ
とができない事由によって履行の途中で終了したということができ
る。

(2)　被告は、原告が本件委任契約に基づく業務の進行状況について何ら
説明することなく、勝手に処理を進めた、また、納税額を下げる方法
があることを説明しなかったなどとして、原告は委任の本旨に従った
行動をしなかったと主張する。

　　しかし、上記認定事実によれば、被告は、委任契約書の作成前に数
回、原告事務所を訪れ、原告も、数回、被告宅を訪れ、本件相続税申
告の打合せ等を行っていること、その後も、被告は、原告に直接電話
をかけ、原告からも直接電話を受けるなどして、本件相続税申告に関
する打合せを行っていること、原告は、被告に対し、納税額等を説明し、
仮の評価明細書を送付した上で、本件相続に係る相続税申告書を完成
させていることが認められ、原告が勝手に本件相続税申告に係る業務
を進めたということはできない。また、上記認定事実によれば、Ｃ税
理士がした相続財産の把握・評価の方法との差異が生じた主要な部分
は、Ｄ株式会社に対する１０００万円の貸付金を計上するか否かに係
るものであるところ、原告は、Ｄ株式会社の出納帳に上記金員がＡか

らの借入金である旨記載されていたこと等から、税理士として公正な立場に立って、これを計上すべきものと判断したこと、また、通り抜けのできない私道の評価に関しても、これを道路としてゼロ評価すべきではないと判断したこと（この判断を不当とすべき根拠は見当たらない。）、そして、これらの判断の理由を被告に説明していたことが認められる。したがって、原告に債務の本旨に反する説明不足があったということはできない。

(3) そうすると、被告は、原告に対し、上記段階における履行の割合に応じた報酬の支払義務を負う。

　　履行の割合に関し、原告は、本件委任契約において受任した業務のほぼ１００％を履行した旨主張する。

　　確かに、原告は、上述のとおり、本件相続税申告に必要な相続財産に係る資料の収集や現地調査等を行い、相続税申告書等を所轄税務署に提出することができる段階まで受任業務を遂行していた。しかし、当該相続税申告書について被告と最終的な打合せ等を行い、これを税務署に提出した上で、税務署から問合せがあればこれに対応し、税務調査が行われる場合には立会いを行う業務は残っていた。そこで、これらのことを考慮し、被告が本件委任契約を解除した段階における履行の割合を８０％であったと認める。

　　この点に関し、被告は、原告が行ったのは税務書類の作成業務の一部のみであるとして、既払金を超える履行はない旨主張する。しかし、原告が行った業務は、単なる書面の作成にとどまるものではなく、その前提として必要な資料の収集や調査が含まれており、原告は、それらの業務を行った上で、相続税申告書等を所轄税務署に提出することができる段階まで受任業務を遂行していた。したがって、原告は、受任した業務のうち、本件相続に係る相続税の税務代理、税務相談及び税務書類の作成については、そのほとんどの部分を履行していたというべきであり、被告の上記主張は採用することができない。

(4)　以上によれば、原告は、被告に対し、本件委任契約の解除時における履行の割合に応じた報酬として、本件委任契約に定められた報酬額５４０万円（消費税を含む。）の８０％である４３２万円の支払請求権を取得するところ、被告は中間金として既に２４０万円を支払っていることから、残報酬金額は、１９２万円となる。

3　争点(2)（不利な時期に解除されたことによる損害賠償請求権の存否及び額）及び同(3)（正当な理由なく解除されたことによる損害賠償請求権の存否及び額）について

　　原告は、被告が本件委任契約を原告に不利な時期に解除したことにより、又は正当な理由なく解除したことにより、３００万円の報酬請求権を失ったことによる損害賠償請求権を有すると主張する。そこで、上記２記載の１９２万円を超える部分の請求の当否につき検討する。

　　民法６５１条２項にいう「損害」とは解除の時期が不当なことによる損害で、かつ、解除自体から生ずる損害ではなく、時期が不当であったことから生ずる損害をいう。そして、報酬は解除の時期にかかわらず、解除により当然に失われるものであるから、事務処理の完了を条件として報酬を与える特約のある委任契約を中途で解除することは、そもそも同項にいう「不利な時期」の「解除」には当たらないというべきである。

　　この点を措くとしても、上記２のとおり、原告は、被告に対し、解除時の履行の割合に応じた報酬を請求することができる。そして、同報酬額を超えて、不利な時期に解除されたことによる損害が原告に生じたとは認められない。

　　同様に、履行の割合に応じた上記報酬額を超えて、正当な理由なく解除されたことによる損害が原告に生じたことも認められない。

　　したがって、原告の争点(2)及び同(3)に関する主張は、いずれも採用することができない。

第4　結論

　　以上によれば、原告の請求は、民法６４８条３項に基づく報酬（既に

した履行の割合に応じた報酬）として１９２万円及びこれに対する請求の日の後である令和元年９月１日（原告は被告に対して同年８月７日頃に違約金３００万円の支払を求めており（前提事実(7)）、これを民法６４８条３項に基づく報酬の請求とみることができると考えられる。）以降の遅延損害金の支払を求める限度で理由があるからこれを認容し、これを超える額の請求はいずれも理由がないから棄却することとする。

4 損害賠償等請求事件（継続的契約の打切りについての債務不履行責任）

主　　　　　文

1　原告の請求を棄却する。

2　訴訟費用は原告の負担とする。

事　実　及　び　理　由

第1　請求

　被告は、原告に対し、２３５万円及びこれに対する令和３年３月１５日から支払済みまで年３％の割合による金員を支払え。

第2　事案の概要

　1　事案の要旨

　原告は、被告との間の業務委託契約に基づき、被告が運営する複数のショッピングセンター内の清掃業務を行っていたが、清掃回数を削減させたところ、被告から、契約期間満了前に契約の解除を通告された。

　原告は、被告が契約の解除を通告したことは契約の不当破棄であり、債務不履行であると主張し、被告に対し、民法４１５条に基づく損害賠償として、未払報酬相当額２３５万円及びこれに対する請求の日の翌日である令和３年３月１５日から支払済みまで民法所定の年３％の割合による遅延損害金の支払を求めている。

　2　前提事実（当事者間に争いがない事実並びに掲記の証拠（枝番のある書証につき、全ての枝番を含む場合にはその記載を省略する。以下同じ。）及び弁論の全趣旨により容易に認められる事実）

　⑴　原告は、清掃及び清掃関連商品のリース等を目的とする株式会社である。Aは、原告の営業部長であり、Bは、原告の営業部の従業員である（甲２３）。

　被告は、一般小売業等の経営を目的とし、○○地方で複数のショッピングセンターを運営する株式会社である。Cは、被告の店舗管理部の第二課長である。

(2) 原告は、平成２０年２月１５日、被告との間で、被告の運営する１１か所のショッピングセンター内の清掃業務を行うことを内容とする業務委託契約（以下「本件清掃委託契約」という。）を締結した。その主な内容は、次のとおりである。（甲１、９～１２、１３の１、乙３、証人Ａ、証人Ｃ、弁論の全趣旨）

ア　清掃の回数

協議して定めることとされている。本件清掃委託契約締結の際に行われた協議の結果、各ショッピングセンター全体について１日３回、トイレについて１日７回とすることとなった。

イ　報酬

協議して定めることとされている。本件清掃委託契約締結の際に行われた協議の結果、基本月額単価を１坪当たり６０００円と定められた。

ウ　契約期間

平成２０年３月１４日から平成２１年３月１３日までの１年間とし、いずれの当事者からも申出がない場合は１年間延長され、その後も同様とするとされている。後記(5)の通告の時点では、令和２年３月１４日から令和３年３月１３日までとなっていた。

エ　解除

原告が債務不履行をしたときは、書面により債務不履行状態を是正するよう催告するものとし、当該催告後相当期間が経過してもなお是正されない場合には、契約を解除することができるものとされている。

(3) 令和２年７月１４日、原告は、１１か所のうちの６か所のショッピングセンターに対し、清掃の回数を全体について１日２回、トイレについて１日５回に削減し、夜間（午後５時以降）の清掃を取りやめる旨を通知し（甲６～８）、それ以降、同通知のとおり清掃回数を削減した（以下「本件清掃回数削減」という。）。

(4) 令和２年９月３０日、被告は、原告に対し、清掃回数を直ちに本件清掃回数削減前の回数に戻すよう書面で催告した（乙７）。

(5) 令和2年10月10日、被告は、原告に対し、本件清掃委託契約を令和3年1月末日をもって解除する旨を通告した(甲10、25、乙2、証人B)。

(6) 原告は、被告に対し、令和3年3月14日到達の書面により、被告が本件清掃委託契約を不当破棄したことにより原告が損害を被ったとして、損害賠償金を支払うよう請求した(甲11)。

3 争点及び当事者の主張

(1) 被告がした本件清掃委託契約の解除通告は契約の不当破棄(債務不履行)に当たるか

(原告の主張)

ア 本件清掃委託契約の期間は、令和2年3月14日から令和3年3月13日までであったから、同年1月末日をもって契約を解除する旨を被告が一方的に通告したのは、契約の不当破棄であり、債務不履行である。

イ 被告は、契約を解除したのは本件清掃回数削減により信頼関係が破壊されたためであると主張するが、以下のとおり、本件清掃回数削減は正当なものであった。

すなわち、原告は、ショッピングセンター内の飲食店のリニューアルにより清掃作業の負担が増加し、人件費が高騰したため、報酬の値上げ又は清掃回数の削減を従前から再三にわたって被告に申し出ていた。これに対し、被告の担当者であるCは、令和2年4月9日、清掃回数の削減について今後話を詰めていくと回答し、同年5月20日、清掃回数の削減を認めるショッピングセンターを同月中に決定すると伝えた。そして、同年6月8日には、清掃回数の削減について各ショッピングセンターと個別に交渉するよう指示してきた。これを受けて、原告は、各ショッピングセンターから口頭で了承を得た上で、各ショッピングセンターに対し、清掃回数を削減する旨の通知をし、本件清掃回数削減を実施した。

このように、被告は、原告が本件清掃回数削減をする前から、清掃回数の削減の提案を受け入れていた。そして、削減後の清掃によっても、各ショッピングセンターの清廉な状態は十分に保たれていた。

-153-

（被告の主張）

ア　原告が本件清掃回数削減をしたことは、重大な債務不履行であり、原告と被告との間の信頼関係を破壊するものである。したがって、被告が本件清掃委託契約の解除を通告したことには正当な理由があり、債務不履行に当たらない。

イ　本件清掃回数削減が原告の債務不履行に当たることは、以下のとおり明らかである。

すなわち、被告は、原告から、報酬の値上げ又は清掃回数の削減の申出を受けていたが、被告の担当者であるCは、令和2年4月9日、これには応じられないと伝えた上、清掃関連用品のグレードダウンや清掃時刻の変更による負担軽減であれば検討の余地があると回答した。原告は、同年5月20日にも、再度、値上げを申し入れてきたが、被告はこれを了承しなかった。なお、原告は、Cが、同年6月8日、原告に対し、清掃回数の削減について各ショッピングセンターと個別に交渉するよう指示したと主張するが、そのような事実はない。そもそも清掃回数の削減を認めるかどうかは、被告本社が判断すべき事項であって、各ショッピングセンターが個別に判断すべきことではない。

にもかかわらず、原告は、本件清掃回数削減を行ったため、その対象とされた6か所のショッピングセンターでは、顧客からトイレ内の汚れを指摘されることが増え、被告の運営するショッピングセンター全体の好感度を損なう事態を招いたものである。

(2)　原告に生じた損害

（原告の主張）

本件清掃委託契約が契約期間満了前に解除されたため、原告は、残存期間に対応する報酬235万円を得ることができなくなった。

（被告の主張）

争う。

第3　争点に対する判断

1　認定事実

　前記前提事実並びに掲記の証拠及び弁論の全趣旨によれば、以下の事実が
認められる。

　⑴　被告は、令和２年２月までに、その運営するショッピングセンター６
か所（後に本件清掃回数削減の対象とされたもの）において、顧客層の変化
に対応するため、ショッピングセンター内の飲食店の業種を主として焼肉や
揚げ物等のメニューを提供する店舗にリニューアルした。

　原告の担当者であるA及びBは、同年４月９日、被告の担当者であるCと
面会し、飲食店のリニューアルにより清掃作業の負担が増えたとして、従来
の報酬の増額を求めた。これに対し、Cは、被告の負担が増える話には応じ
られない、現状の報酬を維持した上で、清掃時間を変更したり、清掃関連用
品のグレードを下げるなどの方法により、原告の負担を軽減する提案であれ
ば検討すると述べた。その後、原告は、被告に対し、報酬の１０％の値上げ
を求める旨の文書（以下「本件報酬改定通知」という。）を送付した。（甲３、
乙４、６、証人C５、６頁）

　⑵　A及びBは、令和２年５月２０日、Cと面会し、報酬の改定又は清掃
回数の削減を求めた。Cは、報酬の改定には応じられないと答えたが、清掃
回数の削減については明確な回答をしなかった。（甲１３、２３、２５、乙５、
証人A５頁、証人C１２、１３頁）

　⑶　Aは、令和２年６月８日、Cに電話をしたが、Cは、清掃回数の削減
は了承できないと伝えた。その際、各ショッピングセンターと個別交渉して
ほしい旨を述べることはなかった（乙５、証人C８頁）。

　⑷　原告は、令和２年７月１４日、上記６か所のショッピングセンターに
対して、その個別の了承を得ないまま、清掃回数を削減し、夜間（午後５時
以降）の清掃を取りやめる旨を通知し、本件清掃回数削減を行った。これ以降、
上記６か所のショッピングセンターでは、夕方以降のトイレ内の汚損につい
ての顧客からの指摘が増えた。そのため、被告は、やむを得ず、ショッピン
グセンターの従業員を夜間のトイレ内清掃に従事させた。（甲６〜８、乙５、

6の2、証人A15頁、証人C8頁)

(5)　被告は、令和2年9月24日、原告に対し、清掃回数が削減された
ショッピングセンターでは、夜間の清掃業務をショッピングセンター従業員
が実施せざるを得ない状況であること、ショッピングセンターは取引先事業
者との間で個別交渉を行うことが禁止されており、被告本社が対応すべき事
柄であること、にもかかわらず原告が6か所のショッピングセンターに通知
をして本件清掃回数削減を実施したことは本件清掃委託契約上の原告の義務
に違反するものであるとし、本件清掃回数削減の撤回を求めること等を記載
した書面を送付し、清掃回数を従前に戻すよう催告した（乙7）。

(6)　被告は、令和2年10月10日、原告に対し、原告が本件清掃回数削
減を撤回せず、削減前の回数どおりに清掃を行わないことが債務不履行に当
たるとして、本件清掃委託契約を令和3年1月末日限り解除することを記載
した書面を送付した（甲10）。

2　補足説明

原告は、認定事実(2)から(4)までに関し、被告の担当者であるCが清掃回数
の削減を了承しており、令和2年6月8日、原告の担当者であるAに対し、
清掃回数の削減について、各ショッピングセンターと個別交渉するよう指示
したことから、原告は、各ショッピングセンターから、清掃回数の削減につ
いて口頭で了承を得たと主張する。そして、B作成の業務日報（甲16）及
びAの陳述書（甲25）にはこれに沿う記載があり、A及びBの各証言は、
上記の内容に沿うものである。

しかし、Cは、清掃回数の削減や夜間の清掃の取りやめを了承しておらず、
各ショッピングセンターと個別交渉するよう指示したこともないと述べてい
る（乙6、証人C4頁）。そして、原告が本件清掃回数削減について各ショッ
ピングセンターに送付した通知にも、被告による了承があった旨の記載や、
各ショッピングセンターからの個別の了承に係る記載が全くない（甲6～
8）。また、Bが作成した業務日報（甲16）には、確かに原告の主張に沿
う記載があるものの、同じく原告の担当者であるAが作成した業務日報（甲

１５）には、清掃回数の削減についての記載はない。本件報酬改定通知（甲３）にも、本件清掃委託契約における報酬の値上げを求める旨の記載はあるものの、清掃回数の削減を求める旨の記載はない。加えて、清掃回数の削減や夜間の清掃の取りやめにつき、原告が各ショッピングセンターから個別に了承を得たことを裏付ける客観的な証拠は見当たらない。なお、Ｃは、令和２年５月２０日、Ａ及びＢによる清掃回数削減の求めについて明確な回答をしなかったが（認定事実(2)）、このことのみから清掃回数削減をＣが承諾したとはいえない。以上に照らすと、原告の主張に沿う前記各書証及び証言は採用することができず、他に認定事実(2)から(4)までの認定を覆すに足りる証拠はない。

したがって、認定事実(2)から(4)までのとおり、被告は、原告との間で、清掃回数の削減を了承することはなく、削減について各ショッピングセンターと個別交渉してほしいとＣが述べることもなかったが、それにもかかわらず、原告は、６か所のショッピングセンターに対して、清掃回数を削減し、午後５時以降の夜間の清掃を取りやめる旨の通知をし、本件清掃回数削減を実施したものと認められる。

３　争点１（被告がした本件清掃委託契約の解除通告は契約の不当破棄（債務不履行）に当たるか）について

(1)　ショッピングセンターにおいて清掃業務を実施することは、本件清掃委託契約に基づいて原告が負担する中心的債務であった。ところが、認定事実(2)から(4)までのとおり、原告は、被告との間で、本件清掃委託契約を締結し、清掃回数の削減について合意していないにもかかわらず、６か所のショッピングセンターについて本件清掃回数削減を行った。これに加え、本件清掃回数削減によって、上記ショッピングセンターにおいて顧客から苦情が生じ、被告がその従業員に夜間の清掃を行わせる事態となったこと（認定事実(4)）からすれば、清掃回数を削減されたショッピングセンターにおいて、それまでと同程度には清廉が保たれていなかった事実が認められる。したがって、原告による本件清掃回数削減は、本件清掃委託契約上の債務不履行に当たり、

これによって原告と被告との間の信頼関係は破壊されたというべきである。

(2)　原告は、6か所のショッピングセンター内の飲食店のリニューアル(認定事実(1))により、清掃作業の負担が増加し、人件費が高騰したことから、清掃回数の削減を求めたもので、本件清掃回数削減は原告と被告との信頼関係を破壊するものではないと主張する。

しかし、証拠(証人A、証人C)及び弁論の全趣旨によれば、6か所ものショッピングセンターの夜間の清掃業務は業務量が多く、被告が代替要員を確保し、ショッピングセンターの清廉を保つ程度に同清掃業務を実施するのは相当の負担となっていた事実が認められ、原告としてもそのような事態は容易に想定し得たと考えられるから、原告は、本件清掃回数削減を実行すれば、被告の業務に重大な悪影響が生ずることを予期できたというべきである。そうすると、原告の主張するような事実があったとしても、被告と十分協議したともいえない経緯の中で合意なく本件清掃回数削減をしたことは、被告との信頼関係を破壊するものといわざるを得ず、前記原告の主張を採用することはできない。

したがって、原告の前記主張を採用することはできない。

(3)　そうすると、本件清掃回数削減によって原告と被告との間の信頼関係は破壊されたというほかないから、被告が本件清掃委託契約の解除を通告したことには正当な理由があるというべきである。

よって、被告に債務不履行があったとは認められない。

第4　結論

以上によれば、被告に債務不履行があったとは認められないから、争点2(原告の損害)について判断するまでもなく、原告の請求には理由がない。

5 雇用契約上の義務不存在確認請求事件（人事権の濫用の有無）

主　　　　文

1　原告の請求を棄却する。

2　訴訟費用は原告の負担とする。

事　実　及　び　理　由

第1　請求

原告が被告A課に勤務する雇用契約上の義務のないことを確認する。

第2　事案の概要

1　事案の要旨

原告（被告の従業員）は、B課の課長を務めていたが、被告から、A課の課長に配置換えをするとの配置転換命令を受けた。

原告は、同配置転換命令は人事権を濫用するものであって無効であると主張して、被告に対し、原告がA課に勤務する雇用契約上の義務のないことの確認を求めている。

2　前提事実（当事者間に争いのない事実、括弧内に記載した証拠及び弁論の全趣旨により容易に認められる事実）

(1)　当事者

被告は、土木建築資材の販売等を目的とする株式会社である。

原告（昭和45年生まれ）は、平成19年8月1日、被告に入社し、平成28年8月3日以降、営業業務を所管するB課の課長（以下「B課長」という。）を務めていた（甲6）。

(2)　就業規則の定め

被告の就業規則10条には、以下の規定がある（乙1）。

ア　会社は、業務上の必要がある場合は、社員に異動（配置転換、職種変更、転勤）を命じ、又は担当業務以外の業務を行わせることがある（1項）。

イ　社員は、正当な理由がない限り、前項の命令を拒むことができない（2項）。

(3)　部下による要求書の提出

令和元年１１月１３日、原告の直属の部下であるＢ課の現場社員２０名中１５名（以下「本件提出者ら」という。）は、被告代表者宛てに「要求書」と題する書面（以下「本件要求書」という。）を提出し、原告のＢ課長としての職務遂行が不適切であるとの意見を述べるとともに、原告の更迭や降格を含む諸要求をした（甲１２）。

(4)　本件配転命令

被告は、令和２年８月３日、原告に対し、同年１０月１日をもって、物流業務を所管するＡ課の課長（以下「Ａ課長」という。）を命ずる旨の配置転換命令をした（甲２。以下「本件配転命令」という。）。

　３　争点及び争点に関する当事者の主張

本件の争点は、本件配転命令が人事権を濫用するものとして無効となるか否かである。

(1)　原告の主張

本件配転命令は、以下のとおり、労働力の適正配置、業務の能率増進、労働者の能力開発、勤労意欲の向上、業務運営の円滑化など、企業の合理的運営に寄与する点が皆無であって、業務上の必要性も人員選択の合理性も全くない一方、原告に対して隠れた懲戒処分や嫌がらせをする目的でされたものであるから、人事権を濫用する無効なものである。

ア　原告は、長年の営業経験があり、Ｂ課長として営業成績の向上に大きく寄与しており、Ｂ課長として業務を継続させることに支障はなかった。

他方で、Ａ課は、単純作業が業務の大半を占め、平成２７年４月から５年以上にわたり課長職が置かれていなかった構成職員３名の小規模部署であり、元々管理職の配置は不要であった。

また、仮に管理職を配置するとしても、Ａ課長に適する管理職経験者は多数存在するのに、被告は、これらの者の配置を検討することなく、Ａ課の業務に関する知識がなく不適任であることが明らかな原告をあえて選択した。

このように、本件配転命令は原告の勤労意欲をそぐものであり、何らの合

理性もない。

　イ　本件配転命令は、本件要求書の提出に近接した時期に突然されたものであり、その真の動機ないし目的は、原告に対して実質的な懲戒処分を下し、嫌がらせをすることにあった。

　ウ　したがって、本件配転命令は、人事権を濫用するものであり、無効である。

　(2)　被告の主張

　本件配転命令には、次のとおり、業務上の必要性も人員選択の合理性もあり、また、不当な動機ないし目的をもって行われたものではなく、人事権の濫用には当たらない。

　被告は、数年前から、物流部門の人員強化を目的としたA課への課長職の再配置を重要な課題と認識し、管理職経験者でA課に関する業務知識を有する原告をその適任者と判断して、人事異動の時機をうかがっていたところ、人員が豊富なB課において原告が専ら関与してきた業務運営システムの運用が軌道に乗ったことや、A課正社員3名のうち2名が退社することになったことから、本件配転命令を実行に移したものである。このように、本件配転命令には業務上の必要性や人員選択の合理性があった。

　なお、本件要求書の提出によるB課の混乱は深刻な問題であるが、被告は、当事者双方から十分な事情聴取をした上で、本件提出者らによる原告の更迭及び降格の要求を容れなかったものであり、これと本件配転命令とは無関係であって、本件配転命令に不当な動機ないし目的などはない。

第3　当裁判所の判断

　1　配転命令の有効性の判断基準

　長期雇用の労働契約関係において、使用者は、一般に人事権の一内容として労働者の職務内容や勤務地を決定する権限を有するとされるところ、本件においても、被告就業規則の第10条は、「会社は業務上の必要がある場合は、社員に異動（配置転換、職種変更、転勤）を命じ、又は担当業務以外の業務を行わせることがある。」、「社員は、正当な理由がない限り、前項の命令を

拒むことができない。」と規定している。

　もっとも、配置転換を命ずる使用者の人事権も、業務上の必要性に基づき、労働者の職業上・生活上の不利益に配慮して執行されるべきであるから、配転命令に業務上の必要性が存しない場合又は業務上の必要性が存する場合であっても他の不当な動機、目的をもってなされた場合若しくは労働者に対し通常甘受すべき程度を著しく超える不利益を負わせる場合には、同配転命令は権利濫用に当たり、違法と評価されるものと解される（最高裁昭和５９年（オ）第１３１８号同６１年７月１４日第二小法廷判決・裁判集民事１４８号２８１頁参照）。

　以下、このことを前提として、本件配転命令について検討する。

　２　認定事実

　前記前提事実、後掲の各証拠及び弁論の全趣旨を総合すると、本件紛争の経緯について次の各事実が認められる。

　(1)　原告の経歴、執務状況等

　ア　原告は、大学卒業後、平成５年４月にＤ株式会社に正社員として入社し、量販部に配属されるなどした後、平成１９年８月１日に被告に入社した（甲１、乙１０、原告本人）。

　イ　原告は、平成２２年４月にＥ課主任に、平成２３年８月に同課の課長代理に昇進し、さらに、平成２５年４月、Ｆ課の課長に昇進した。

　原告は、Ｆ課長であった平成２７年３月２５日、Ａ課の業務のフローを分析してその業務改善を提案する文書を作成している（乙７）。

　ウ　原告は、平成２８年８月３日、Ｂ課長に配置転換され、以降、４年間にわたり、Ｂ課長として販売営業業務等を指揮したり、コンピュータによる業務運営システムを導入するなどの業務に従事した（甲１、１４、乙４、７）。

　(2)　本件要求書の提出

　原告は、Ｂ課長を務めていた令和元年１０月１５日、Ｂ課の課員としての心構えについて記載した文書をメールで課内に一斉送信し、その内容が時代錯誤であるとか精神論を強調しすぎているとして部下からの反発を招くなど

していたところ、同年１１月１３日、直属の部下であるＢ課の現場社員２０名中１５名の本件提出者らは、連名の上、被告代表者宛てに本件要求書を提出し、原告の部下に対する行動や態度に多くの問題があるなどとして、不適切な職務遂行を指摘する意見を述べるとともに、原告の更迭や降格を含む諸要求をした。

被告は、同月２７日、原告に本件要求書に対する反論の機会を与えたほか、同月２９日から同年１２月２０日にかけて本件提出者らから事情を聴取するなどしたが、最終的に何らかの措置を講じることはなかった。

（甲１、９、１２から２０まで（枝番号を含む。）、乙５、原告本人）

(3) 本件配転命令

被告においては、平成３０年の春頃から、Ａ課に中間管理職が不在であることが問題視され、平成２７年４月以来不在となっていた課長職をＡ課に復活させることや、その際の異動対象候補者が具体的に検討され、原告は、その候補者の一人とされていた。

また、令和元年１０月に開催された被告の役員会議において、翌年９月にＡ課の中核職員が定年退職となる予定であることから、後任者の選定が急務であるとの協議がされた。

被告は、以上の協議を経て、令和２年８月３日、原告に対し、同年１０月１日付け異動を内容とする本件配転命令を発出した。

（甲１、２、乙２、８、９）

(4) Ａ課異動後における原告の執務状況

被告は、Ａ課に異動後の原告に対し、同課の業務改善や人員強化の方針を伝え、原告はこれに応じて、令和２年１０月１５日以降、長期計画、中期計画及び短期計画を策定するための提案を行ったり、物流業務全般に関するマニュアルを作成したりした（甲９、乙１３から２３まで、原告本人）。

3 争点（本件配転命令が人事権を濫用するものとして無効となるか否か）について

(1) 原告は、自身に長年の営業経験があり、Ｂ課長として営業成績の向上

に大きく寄与しており、Ｂ課長として業務を継続させることに支障はない一方、Ａ課は単純作業が業務の大半を占め、５年以上にわたり課長職が置かれていなかった構成職員３名の小規模部署であり、元々管理職の配置は不要であったとして、本件配転命令には業務上の必要性がないと主張する。

しかし、前記認定のとおり、被告は、平成３０年の春頃から、Ａ課に中間管理職が不在であることを問題視して、Ａ課の課長職を復活させることやその対象者を具体的に検討するようになり、管理職経験者であってＦ課長時代にＡ課の業務改善を検討したこともある原告を候補者の一人としていた。そして、最終的に原告が適任者であると判断して、原告をＡ課長に配置換えし（本件配転命令）、Ａ課の業務改善や人員強化を重要な課題として原告に伝えるなどしている。

そうすると、本件配転命令は、業務上の必要性に基づくものであって、人員の選択も合理的なものであると認められる。これに反する原告の主張は、採用することができない。

(2) また、原告は、本件配転命令が本件要求書の提出に近接した時期に突然されたものであり、その真の動機ないし目的は、原告に対して実質的な懲戒処分を下し、嫌がらせをすることにあったことが明らかであると主張する。

しかし、本件配転命令は、Ｂ課長を務めていた原告に同じ課長職であるＡ課長を命ずるものであって、降格に当たるものとはいえない。また、被告は、本件要求書が提出される前である平成３０年の春の段階において、Ａ課に課長職を再配置することを具体的に検討し、原告を候補者の一人としており、原告がＡ課に異動した後も、同課の業務改善や人員強化の方針を伝えるなどしている。これらの事情を考慮すると、本件配転命令の動機ないし目的が原告に対して実質的な懲戒処分を下したり嫌がらせをしたりすることにあったとは認められない。

なお、証拠（甲２１）によれば、被告において、本件配転命令をするに当たり、本件要求書の提出前後の経緯を踏まえ、原告が引き続きＢ課長として業務を継続することの不都合性を考慮に入れていたことがうかがえる。しか

し、被告は、本件配転命令に当たり、配置転換の業務上の必要性を基礎付ける事情として、原告が従前の業務を継続することの不都合性をも考慮することができるというべきであるから、上記の事情を考慮したことをもって本件配転命令の動機ないし目的が不当なものであったということはできない。

　したがって、原告の上記主張は、採用することができない。

⑶　以上によれば、本件配転命令が権利の濫用に当たるということはできない。

　4　結論

　よって、原告の請求は理由がない。

6　請負代金等請求事件（契約当事者と会社法9条責任）

主　　　　文

1　原告の主位的請求を棄却する。

2　原告の予備的請求に基づき、被告は、原告に対し、５３０万０７２３
　　円及びこれに対する令和3年2月1日から支払済みまで年3％の割合に
　　よる金員を支払え。

3　訴訟費用は被告の負担とする。

4　この判決は、主文第2項に限り、仮に執行することができる。

事 実 及 び 理 由

第1　請求（主位的請求及び予備的請求に共通）

　被告は、原告に対し、５３０万０７２３円及びこれに対する令和3年2月
1日から支払済みまで年3％の割合による金員を支払え。

第2　事案の概要

　1　本件は、原告が、別紙工事目録記載の工事（以下「本件工事」という。）
につき、主位的に、被告がその注文者であるとして請負契約に基づき、予備
的に、被告がその注文者に被告の商号を使用して事業を行うことを許諾して
いたとして会社法9条（名板貸責任）に基づき、被告に対し、報酬残額合計
５３０万０７２３円及びこれに対する最終支払日の翌日である令和3年2月
1日から支払済みまで民法所定の年3％の割合による遅延損害金の支払を求
める事案である。

　2　前提事実（当事者間に争いがない事実並びに掲記の証拠及び弁論の全
趣旨により容易に認められる事実）

⑴　原告は、内装工事、電気工事、建築工事等を目的とする株式会社である。

　被告は、建築工事、住宅リフォーム工事等を目的とする株式会社である。

　株式会社A（以下「A」という。）は、被告の取引先である。

　Bは、被告の取締役であったが、令和元年12月に辞任し、令和2年2月
頃から、Aの従業員となった。（甲4、弁論の全趣旨）

(2) 被告又はA（そのいずれであるかは、後記のとおり、当事者間に争いがある。）は、令和２年４月、Cが受注した老人ホーム建築工事(以下「老人ホーム建築工事」という。)の一部である本件工事（居室内装工事及び電気工事）を受注し、同年５月から同年１０月にかけて、これを原告に請け負わせた（以下「本件請負契約」という。）。そして、原告は、別紙工事目録の「引渡日」欄記載の日（ただし、いずれも令和２年の日付である。）に完成させ、被告又はAに引き渡した（甲１～３、弁論の全趣旨）。

(3) 原告は、本件工事の報酬として、令和２年９月末日に２０万円、同年１２月末日に３０万円を受領し、宛名を被告とする領収証を発行した。これによって、本件工事の報酬残額は５３０万０７２３円となった。（甲６、７）

本件工事の報酬の最終支払日は令和３年１月３１日であった。

(4) Cは、令和３年３月頃、支払不能に陥り、A又は被告に本件工事の報酬を支払わなかった（被告代表者、弁論の全趣旨）。

3 争点及び当事者の主張

(1) 本件請負契約の注文者は被告か否か（主位的請求）

（原告の主張）

本件請負契約の注文者は被告である。

すなわち、被告は、老人ホーム建築工事を受注したCからその一部である本件工事を受注し、これを原告に発注したものであり、Cから請負報酬を受領したのも被告である。また、原告は、被告の取締役であるDとの間で、本件工事の内容について協議している。

（被告の主張）

本件請負契約は、既に被告の取締役を辞任しAの従業員となっていたBが、Aの業務として契約したものであるから、注文者は、Aであって被告ではない。

(2) 被告がAに被告の商号を使用して事業を行うことを許諾していたか否か（予備的請求－名板貸責任の成否）

（原告の主張）

仮に、本件請負契約の注文者が被告ではなくＡであるとしても、被告は、Ａ（Ａの従業員であるＢ）が被告の商号を使用して事業を行うことを許諾していたから、本件請負契約の注文者を被告であると誤認した原告に対し、本件工事の報酬支払義務を負う（会社法９条）。

（被告の主張）

被告は、Ａに対して被告の商号の使用を許諾したことはない。本件請負契約締結の際、Ａの従業員であるＢが被告の社名入りの名刺を原告に交付したとしても、被告がそのような名刺の使用を認めたことはない。

(3)　請負契約の注文者を被告であると原告が誤認した点に関する原告の重大な過失の有無（予備的請求－名板貸責任の成否）

（被告の主張）

以下の事情によれば、仮に原告が本件工事の注文者を被告であると認識していたとしても、そのように信じたことにつき重大な過失があるから、被告は会社法９条に基づく責任を負わない。

ア　原告と被告との間で、本件工事に関する契約書や見積書は一切作成されていない。

イ　原告は、被告やＣとの取引実績がなく、原告代表者には被告代表者との面識もなかった。

ウ　原告担当者は、Ｂとの間で、ＢをＡの人間と認識しながらメールのやり取りをしていた。

エ　原告は、令和２年９月末及び同年１２月末、弁済期の到来した本件工事の報酬の大部分が支払われなかったにもかかわらず、被告に何らの連絡をしなかった。

（原告の主張）

原告は、本件工事の注文者が被告であると認識していたものであるが、そのように信じたことにつき重大な過失があるとはいえない。原告は、Ｂだけでなく、被告取締役Ｄとの間でも、本件工事の進め方等に関する協議をしていた。

第3　争点に対する判断

1　認定事実

前記前提事実並びに掲記の証拠及び弁論の全趣旨によれば、以下の事実が認められる。

(1)　Bは、被告の取締役として、営業活動や下請業者への発注を担当していたところ、Aは、被告から受注した下請工事において、等級の劣る資材を使用するなどして不正な利益を上げ、口止めのための金員をBに渡していた。このことが令和元年10月頃に発覚し、Aは被告から損害賠償として500万円の支払を求められた。また、Bは、同年12月、被告の取締役を辞任し、令和2年2月頃、Aの従業員となった。（乙3、4、証人B、被告代表者）

(2)　Aは、前記(1)の不正行為によって被告に与えた損害を補填するため、被告に対し、BがAの従業員として受注した工事について、Aが利益を得ることなく被告に下請けさせ、被告に利益を取得させることを約した。その後、被告代表者は、被告が下請けする工事について、Bが被告名義で営業活動をし、被告名義の契約書や領収証を発行し、「○○（被告の商号の略称）B」名義の預金口座を使用していることを契約書等の決裁で知ったが、これを黙認した。他方、Bは、被告には無断で、従前の被告取締役としての被告の社名入りの名刺を営業活動のために使用していた。（甲10、証人B、被告代表者）

(3)　原告代表者は、Cが元請人である老人ホーム建築工事の内装及び電気工事の受注を希望し、令和2年3月頃、Cに営業活動を行っていたところ、下請工事は被告に発注する予定であると聞き、被告の取締役としてBを紹介された。原告代表者は、Bから被告取締役としての被告の社名入りの名刺を受け取った。（証人B、原告代表者）

(4)　Bは、本件工事について、被告代表者の了承を得ることなく、Cとの間で、被告を請負人とする工事請負契約書を交わし、被告名義で請求書を発行し、Cから工事代金を受領した際には被告名義で領収証を発行した。なお、

-169-

領収証の取扱者はDとなっており、Dは令和2年1月以降、被告の取締役を務めている。（甲6～8）

(5) 被告のホームページの令和2年8月から9月にかけてのスタッフブログに、「老人ホームの内装事例」として、本件工事の写真や記事が掲載された（甲22）。

(6) 原告代表者は、令和2年9月頃、被告事務所内でB及びDに面談し、本件工事の進捗状況を報告したが、Dはあいさつ程度の話をするだけで退席した（証人B、原告代表者）。

(7) Bは、令和2年2月以降、建築工事を受注する際、本件工事以外にも、被告名義で見積書、請求書、領収証を発行することがあった。領収証の取扱者はDとなっていた。これらの工事について、Aが利益を取得することはなかった。（甲12、証人B）

(8) Bは、顧客に対して発行した被告名義の請求書に、振込先として「〇〇（被告の商号の略称）B」名義の預金口座の番号を記載していた（甲15～18）。

2 争点1（本件請負契約の注文者は被告か否か）について

(1) Bは令和元年12月に被告取締役を退任しており、本件請負契約が締結された当時はAの従業員であった（前記認定事実(1)）上、本件請負契約の受注について特に被告から権限を与えられたとの事情もない（前記認定事実(4)）。したがって、本件請負契約の注文者が被告であるとは考え難い。

(2) これに対し、原告は、被告取締役であるDとの間で本件請負契約の工事内容を協議したと主張し、原告代表者はこれに沿う供述をする。しかし、原告代表者がDと面談したのは、本件請負契約が締結された後のことであり、Dとの間ではあいさつ程度の会話を交わしたにすぎない（前記認定事実(6)）から、契約条件等をDとの間で取り決めたとはいい難く、原告代表者の上記供述を採用することはできない。他に、原告が被告との間で本件請負契約を締結したことを認めるに足りる的確な証拠もない。

(3) したがって、本件請負契約の注文者が被告であったと認めることはで

きない。

3　争点2（被告がAに被告の名義を利用して営業活動を行うことを許諾していたか否か）について

(1)　本件請負契約の注文者が被告であったと認められないことは前記2で説示したとおりであり、このことに前記認定事実及び弁論の全趣旨を総合すれば、本件請負契約の注文者はAであったと認められる。

ところで、前記認定事実によれば、被告は、Aとの間で、Aから損害賠償金の支払を受ける代わりに、Bの営業活動を通じてAが受注した工事をそのまま被告が下請けし、その利益を被告が取得することを合意し、そのために、Bが被告名義の契約書や領収証を作成すること及び「〇〇（被告の商号の略称）B」名義の預金口座を用いることを黙認していた（前記認定事実(2)）。そして、本件工事について、被告は、自社のホームページ上に被告の仕事として紹介する記事を掲載し、Dが原告代表者と面談し、原告代表者から本件工事の進捗状況について報告を受けた（前記認定事実(5)、(6)）。

そうすると、被告は、BがAの従業員として被告名義での営業活動を行うことを了承し、その営業活動の結果を利用していたのであるから、Aが被告の名義を使用して事業を行うことを容認していたといえる。

(2)　これに対し、被告は、令和2年以降、Bに対して被告の社名入りの名刺の使用を認めていなかったと主張し、証人Bもこれに沿う証言をする。しかし、被告代表者がBによる被告名義の契約書や領収証、「〇〇（被告の商号の略称）B」名義の預金口座の使用を黙認していた（前記認定事実(2)）のであるから、仮に上記被告主張の事実があったとしても、それは、前記(1)の認定を左右しない。

(3)　以上によれば、被告は、被告の商号を使用して事業を行うことをAに許諾していたものと認められる。

4　争点3（請負契約の注文者を被告であると原告が誤認した点に関する原告の重大な過失の有無）について

(1)　原告は、本件工事の報酬を受領した際、宛名を被告とする領収証を発

行したほか（前記前提事実(3)）、Bから被告の社名入りの名刺の交付を受けていた（前記認定事実(3)）。また、Bは元請人であるCとの間でも被告名義で工事請負契約書を交わし、被告名義の領収証を発行していた（前記認定事実(4)）。そうすると、原告は、契約当事者が被告であると誤認して、本件請負契約を締結したものといえるところ、そのように誤認したことについて重大な過失があったとは認め難い。

(2) これに対し、被告は、契約当事者が被告であると原告が誤認していたとしても原告には重大な過失があったと主張する。

乙7によれば、原告従業員のE（以下「E」という。）がBとやり取りしていたメールにおいて、「A社B」との表示が用いられていた事実を認めることができる。しかし、Eは、Bから、当初、A社でも仕事をしている旨の自己紹介を受けたが、令和2年3月以降はA社での仕事を辞めて被告に戻り、今後は被告から発注するとのメールを受け取っている（甲21）から、「A社B」との上記表示も、契約当事者がA社ではなく被告であると原告が誤認していたことと矛盾するものとはいえない。

また、Dは、原告代表者と面談した際、BがA社に移籍したと説明した旨の証言をする。しかし、この証言は、Bが原告代表者に渡した名刺に被告会社取締役と記載されていた事実や被告名義の契約書が作成された事実（前記認定事実(3)、(4)）と矛盾する上、そのような説明がされたのであれば、それまで被告とは取引のなかった原告代表者との間で、契約主体についての確認や協議がされるのが自然であるにもかかわらず、証人Dの証言によってもそうした確認や協議は行われていないのであって、証人Dの証言は不合理であるというほかないから、これを採用することはできない。

その他、前記認定を左右するに足りる事情は見当たらない。

第4 結論

したがって、被告は、会社法9条に基づき、原告に対し、本件工事の報酬支払債務を弁済する義務を負う。

よって、原告の主位的請求には理由がなく、予備的請求には理由がある。

（別紙工事目録は省略）

7 損害賠償請求事件（失火責任法上の重過失等）

主　　　　　文
1　被告は、原告に対し、１８９２万６２３５円及びこれに対する平成
３０年１１月２２日から支払済みまで年５分の割合による金員を支払え。
2　原告のその余の請求を棄却する。
3　訴訟費用は、これを５分し、その３を原告の負担とし、その余を被告
の負担とする。
4　この判決は、第１項に限り、仮に執行することができる。

事　実　及　び　理　由
第1　請求
　被告は、原告に対し、４９４８万６０００円及びこれに対する平成３０年
１１月２２日から支払済みまで年５分の割合による金員を支払え。
第2　事案の概要等
1　事案の概要
　本件は、被告が枯れ葉を焼却していた際に原告所有建物に延焼した火災に
ついて、原告が被告に対し、被告に重大な過失があったと主張して、不法行
為に基づく損害賠償として４９４８万６０００円及びこれに対する不法行為
の日である平成３０年１１月２２日から支払済みまで民法（平成２９年法律
第４４号による改正前のもの。以下同じ。）所定の年５分の割合による遅延
損害金の支払を求める事案である。
2　前提事実（当事者間に争いのない事実、括弧内に記載した証拠及び弁
論の全趣旨により容易に認められる事実）
（1）　各建物の所有関係等
　原告は、別紙物件目録記載１の建物（以下「原告建物１」という。）及び
同記載２の建物（以下「原告建物２」といい、原告建物１と併せて「各原告
建物」という。）を所有していた。原告建物１には原告が、原告建物２には
原告の母がそれぞれ居住していた。

-174-

被告は、原告建物1の西側に隣接する別紙物件目録記載3の建物（以下「被告建物」という。）を所有し、同建物に居住していた。

(2)　本件火災の発生

被告は、平成30年11月22日、被告建物の近くで枯れ葉を焼却していたところ、その火が被告建物に燃え移り、続いて原告建物1及び原告建物2に順次燃え移った。これにより、各原告建物は全焼した（以下「本件火災」という。）。

(3)　火災保険契約（甲34、35）

原告は、平成26年3月25日、A火災保険株式会社との間で、少なくとも原告建物1及び同建物内の家財について、保険期間を同日から平成31年3月25日までとして、次の内容を含む火災保険契約（以下「本件火災保険契約」という。）を締結した。

ア　保険の対象となる住宅又は家財につき、保険期間中に生じた火災等の事故による損害を保険金の支払事由とする。

イ　損害が生じたことにより被保険者が損害賠償請求権その他の債権を取得した場合において、当会社がその損害に対して保険金を支払ったときは、その債権は、次の限度で当会社に移転する。

①　当会社が損害の額の全額を保険金として支払った場合は、被保険者が取得した債権の全額

②　①以外の場合は、被保険者が取得した債権の額から、保険金が支払われていない損害の額を差し引いた額

(4)　火災保険金の支払

原告は、本件火災により、本件火災保険契約に基づき、住宅に関する保険金として2660万円を、家財に関する保険金として300万円をそれぞれ受領した。

3　争点及び争点に関する当事者の主張

(1)　重大な過失の有無

（原告の主張）

被告建物の近くで枯れ葉を焼却すると、被告建物や各原告建物に火が燃え移るおそれがあったから、被告は、そもそもそのような場所で焼却すること自体を差し控えるべきであった。また、仮に焼却するのであれば、周囲の可燃物を除去し、消火のための水を準備するなどの措置をあらかじめ講じておくべきであったし、焼却中も、火が被告建物に燃え移ることがないよう、状況を終始注視すべきであった。さらに、被告は、以前にも、被告建物の近くで枯れ葉を焼却していた際に同建物の壁面を焼損する火災を発生させており、同所で枯れ葉を焼却することの危険性を十分認識していた。

　それにもかかわらず、被告はこれらの注意義務を怠り、漫然と被告建物の近くで枯れ葉に点火し、その火を被告建物に燃え移らせた上、各原告建物に燃え移らせた。したがって、被告には重大な過失（失火ノ責任ニ関スル法律（以下「失火責任法」という。）ただし書）があるから、民法７０９条の適用は排除されない。

　（被告の主張）

　原告の主張は争う。

　⑵　損害額

　（原告の主張）

　本件火災により、原告には次の損害が生じた。

　ア　原告建物２の焼損による損害　２２２０万円

　原告建物２の再築に要する費用は６２９０万円である。原告建物２の法定耐用年数は３４年であるところ、本件火災時の残存年数は約１２年であったから、原告建物２の焼損によって、再築費用の３４分の１２に当たる２２２０万円の損害が生じた。

　イ　外構の擁壁の損傷による損害　１２万８０００円

　原告建物２の外構の擁壁の再設置に要する費用は１２８万円である。同擁壁は、本件火災時には法定耐用年数を既に経過していたが、十分に機能していたから、原告建物２の外構の擁壁の損傷によって、再設置費用の１割である１２万８０００円の損害が生じた。

ウ　家財道具等の焼損による損害　２３１５万８０００円

原告は、原告建物１内に自ら所有する家財道具等を置いていたが、いずれも本件火災により焼損した。この家財道具等の購入金額の合計は６９４７万４０００円であるところ、本件火災時における価値は約３分の１になっていたから、家財道具等の焼損によって、２３１５万８０００円の損害が生じた。

エ　慰謝料　２５０万円

原告は、本件火災により、長年居住していた家屋を失い、引越しや諸手続等に時間と労力を費やすことを強いられ、多大な精神的苦痛を被った。被告は、原告に対して真摯に謝罪することは一切なかった。これらの事情からすると、その慰謝料額は２５０万円を下らない。

オ　家財に関する保険金の支払による代位　３００万円

カ　弁護士費用　４５０万円

キ　以上のアからエまでの合計からオを控除し、カを加えると、４９４８万６０００円となる。

（被告の主張）

原告の主張は争う。

ア　原告建物２の焼損による損害

原告建物２の再築に要する費用は、４１３０万５０００円であるから、同家屋に関する損害は、多く見積もっても、再築費用の約３４分の１２に当たる１４５７万８２３５円にとどまる。

イ　外構の擁壁の損傷による損害

既に耐用年数を経過しているから、損害は生じていない。

ウ　家財道具等の焼損による損害

原告は、焼損した家財道具の中には４０万円の腕時計が５つあったとか、３０万円以上のアクセサリーが２３点あったなどと主張するが、にわかに信じ難い。仮に、家財道具等の購入金額が原告主張のとおりであったとしても、その損害額は火災調査報告書中の動産に関する損害査定書記載の

４５８万３４６２円を上回ることはない。

エ　慰謝料

被告が刑事手続を経て十分な制裁を受けていること、建物の解体撤去費用として６５０万円を出捐している事実を考慮すべきである。

オ　弁護士費用

争う。

(3)　保険金の支払による代位の範囲

（被告の主張）

ア　本件火災保険契約に基づいて支払われた住宅に関する保険金は、原告建物１だけでなく、原告建物２をも対象とするものであり、これが支払われたことにより、原告建物２の焼損による損害賠償請求権も保険会社に移転している。

イ　原告建物１の焼損による損害は１４５７万８２３５円にとどまるのに、原告は住宅に関する保険金として２６６０万円を受領している。保険金を過分に受領した部分については、他の損害の填補に充てられたとみるべきである。

（原告の主張）

本件火災保険契約に基づいて支払われた住宅に関する保険金は、原告建物１のみを対象として支払われたものである。

第３　当裁判所の判断

１　争点(1)（重大な過失の有無）について

(1)　前提事実、後掲各証拠及び弁論の全趣旨によれば、次の事実が認められる。

ア　被告は、平成２３年秋頃、被告建物の近くで枯れ葉を焼却したところ、付近に置いてあった段ボールに火が燃え移って激しく燃え、被告建物の壁面を焼損する火災が発生した。被告は、同火災の後、Ｃ消防署等から、焼却の際には、あらかじめ水を用意して素早く消火活動ができることを確認しておくこと、火から目を離さず、激しく燃焼したときに迅速に対応できるように

すること、強風が吹いても建物や周囲の物に引火しない場所を選ぶようにすること等の指導を受けた。（甲２２）

　イ　被告は、平成３０年１１月２２日、被告建物の近くに枯れ葉を集め、一人で焼却していた。その際、被告は、枯れ葉に火をつけ終わった後、清掃用具を片付けるために一旦その場を離れ、戻ったところ、付近に置いてあった廃材に引火していることに気付き、庭に設置されていた水道の蛇口から消火のための水を用意しようとしたが、蛇口が固く閉まっていて、水を出すことができなかった。そうしているうちに、廃材に燃え移った火が被告建物に燃え移り、その後、原告建物１及び原告建物２に順次燃え移り、本件火災に至った。（甲２２、２５）

　ウ　被告は、前記アの火災の後、本件火災に至るまでの間にも、毎年のように庭で枯れ葉を焼却した。前記アの火災の後、しばらくの間は、被告建物から離れた場所で焼却していたが、被告建物の近くに枯れ葉が多く堆積し、枯れ葉を運ぶのが面倒であったことから、再び被告建物の近くで焼却するようになっていった。被告は、本件火災時も、効率よく楽に済ませたいなどと考えて、被告建物の近くで枯れ葉を焼却することとした。（甲２４）

　エ　被告が本件火災の発生時に枯れ葉を焼却した場所は、被告建物の西側壁面から約３ｍの位置にある。被告建物の東側壁面と原告建物１の西側壁面との距離は約５ｍ、原告建物１の北側壁面と原告建物２の南側壁面との距離は約２ｍであった。（甲８）

　(2)　重大な過失（失火責任法ただし書）とは、通常人に要求される程度の相当な注意をしないでも、僅かな注意さえすれば、たやすく違法有害な結果を予見することができた場合であるのに、漫然これを見過ごしたような、ほとんど故意に近い著しい注意欠如の状態を指す（最高裁昭和２７年（オ）第８８４号同３２年７月９日第三小法廷判決・民集１１巻７号１２０３頁参照）。

　前記(1)の事実によれば、被告が本件火災の発生時に枯れ葉を焼却した場所は、被告建物から僅か約３ｍしか離れていない位置にあり、同所において枯

れ葉を焼却した場合、被告建物をはじめとする周辺の建物に延焼する危険性が高かったということができる。また、被告は、以前にも被告建物の近くで枯れ葉を焼却した際に被告建物に延焼させた経験があるから、そのような場所において枯れ葉を焼却することの危険性を十分理解していたはずであるし、その際、消防署等から枯れ葉を焼却する際に注意すべき点について指導を受けている。

そうすると、被告は、僅かな注意さえ払えば、被告建物やその周辺の各原告建物に延焼することをたやすく予見することができたから、被告建物の近くで枯れ葉を焼却するに際し、あらかじめ周囲の可燃物を除去し、消火のための水を準備するなどの措置を講じた上、燃焼の状況を終始注視すべき注意義務を負っていたというべきである。

ところが、被告は、本件火災時、点火に先立って何らの措置も講じていない上、廃材を近くに置いて焼却を行い、さらには点火の後に一旦その場を離れていたものであるから、漫然と上記注意義務に違反したものといえる。

以上によれば、被告には、本件火災の発生について、重大な過失があったと認められる。

 2　争点(2)（損害額）について

(1)　原告建物2の焼損による損害

証拠（甲１１、１８、３０）によれば、原告建物2の再築に要する費用は４１３０万５０００円と見込まれること、原告建物2の法定耐用年数は３４年であるところ、本件火災当時、約１２年が残存していたことが認められる。

そうすると、原告建物2の焼損による損害は、再築費用の約３４分の１２に当たる１４５７万８２３５円と認められる。

原告は、見積書（甲１０）に基づき、原告建物2の再築に要する費用が６２９０万円であると主張する。しかし、同見積書は、原告建物2に存在しなかったシステムキッチンや車庫を設置することを前提としているから（甲３０）、原告建物2の損害を算定するに当たり同見積書に依拠することは適当でない。したがって、原告の主張は採用することができない。

(2) 外構の擁壁の損傷による損害

証拠（甲１２、１３、原告本人）及び弁論の全趣旨によれば、コンクリート塀の法定耐用年数は１５年であるところ、本件火災当時、原告建物２の外構の擁壁が設置されてから約２２年が経過していたこと、同擁壁は本件火災当時においても特に機能に問題がなかったこと、同擁壁の再築に要する費用は１２８万円であることが認められる。

同擁壁については、本件火災当時、既に法定耐用年数を経過していたことになるものの、その機能に問題がなかったことからすると、全く無価値になっていたとはいえず、再築費用の１割程度の価値は残存していたものと考えられる。そうすると、同擁壁の焼損による損害は、１２万８０００円と認められる。

(3) 家財道具等の焼損による損害

前記前提事実(1)、(2)のとおり、原告は原告建物１に居住していたところ、同建物は本件火災により全焼したことが認められ、このことからすると、同建物内に原告所有の家財道具等の動産が存在し、本件火災によりこれらも焼損したものと認められる。

しかし、原告建物１内に存在した動産の種類、数量、購入価額、購入時期及び再調達価格を証拠によって認定するのは、極めて困難である。原告は、原告作成の火災損害届出書（甲１４）に基づく損害額を主張するが、同届出書は、原告の記憶を元に数量や購入金額の概数を記載したにすぎず、他にこれを裏付ける証拠もないことから、同届出書記載の数量や購入金額をそのまま認定することはできない。

もっとも、火災調査報告書（甲２９）においては、上記届出書も踏まえ、原告建物１内にあった動産が４５８万３４６２円相当であったと査定されている。

以上の事情を踏まえ、民事訴訟法２４８条により、口頭弁論の全趣旨及び証拠調べの結果に基づき相当な損害額を認定することとし、家財道具等の焼損に係る損害額を４５０万円と認める。

⑷　慰謝料

証拠（甲３１、３２、３６、原告本人）及び弁論の全趣旨によれば、原告は、本件火災によって、長年にわたって生活してきた生活の本拠や家財道具を全て失い、生活環境を変更することを余儀なくされ、転居や諸手続のために相当の労力と時間を費やすことを強いられたことが認められる。これらの事情のほか、本件に顕れた一切の事情を斟酌して、その慰謝料額を１００万円と認める。

⑸　小計

以上の合計額は、２０２０万６２３５円となる。

３　争点⑶（保険金の支払による代位の範囲）について

⑴　前記前提事実⑷のとおり、原告は、住宅に関する保険金として２６６０万円を、家財に関する保険金として３００万円をそれぞれ受領したことが認められる。

そして、前記２⑶のとおり、家財道具等の焼損に係る損害額は４５０万円と認められるところ、家財に関する保険金として３００万円が支払われたことにより、同額に相当する損害賠償請求権が保険会社に移転したものというべきである。

他方、証拠（甲２９、３３、３４、原告本人）によれば、本件火災保険契約は、原告建物１及び同建物内の家財を対象とするものであったと認められるから、本件火災保険契約に基づいて支払われた住宅に関する保険金が原告建物１だけでなく、原告建物２をも対象とするものである旨の被告の主張は採用することができない。そうすると、住宅に関する保険金が支払われたことによっても、原告建物２の焼損や外構の擁壁の損傷に関する損害賠償請求権は保険会社に移転しない。

⑵　被告は、原告が受領した住宅に関する保険金について、本件火災保険契約が対象とする原告建物１の焼損による損害額を上回るものであると主張する。

そこで検討すると、前記前提事実⑶のとおり、本件火災保険契約において

は、保険の対象に損害が生じたことにより被保険者が損害賠償請求権等を取得した場合において、保険会社が同損害に対して保険金を支払ったときは、同損害賠償請求権等は、支払われた保険金の額を限度として保険会社に移転する旨定められている。そうすると、本件火災保険契約の対象である原告建物1について、原告がその焼損による損害額を上回る保険金の支払を受けたとしても、これについて生じた損害額の限度で被告に対する損害賠償請求権が保険会社に移転し、原告は、その限度で被告に対する損害賠償請求権を失うにすぎないものというべきである。

(3) なお、被告の主張は、保険金の支払による損益相殺を主張する趣旨とも解されるが、火災保険契約に基づく保険金は、既に払い込んだ掛金の対価たる性質を有し、たまたまその損害について第三者が所有者に対し不法行為に基づく損害賠償義務を負う場合においても、損害賠償額の算定に際し、損益相殺として控除されるべき利益には当たらない（最高裁昭和４９年（オ）第５３１号同５０年１月３１日第三小法廷判決・民集２９巻１号６８頁参照）から、上記主張は採用することができない。

(4) 以上によれば、前記2の合計２０２０万６２３５円のうち３００万円に相当する損害賠償請求権が保険会社に移転し、これを控除した残額は、１７２０万６２３５円となる。

4 弁護士費用

本件の事案の難易、認容額その他諸般の事情を勘案し、賠償の対象となる弁護士費用を１７２万円と認める。

5 結論

以上によると、原告の請求は、被告に対し、損害賠償金１８９２万６２３５円及びこれに対する遅延損害金の支払を求める限度で理由がある。

（別紙物件目録は省略）

8　公正証書遺言無効確認等請求事件（遺言能力の有無等）


主　　　　文

1　●法務局所属公証人Ａが作成した平成３０年第●号遺言公正証書によるＢの遺言が無効であることを確認する。

2　被告は、別紙物件目録記載１から３までの各不動産について、別紙登記目録記載の所有権移転登記の抹消登記手続をせよ。

3　被告は、原告に対し、７８４万２５３０円及びこれに対する令和２年２月１３日から支払済みまで年５分の割合による金員を支払え。

4　訴訟費用は被告の負担とする。

5　この判決は、主文第３項に限り、仮に執行することができる。

事　実　及　び　理　由

第１　請求

主文第１項から第３項までと同じ。

第２　事案の概要

原告は、亡Ｂ（平成３０年４月８日死亡）の子（唯一の法定相続人）である。Ｂの公正証書遺言には、全財産を被告（Ｂの妹）に遺贈すること等が定められている。

原告は、被告に対し、①Ｂには遺言能力がなかったと主張して、上記遺言の無効確認を求めている。そして、②Ｂが所有していた不動産について、所有権に基づき、Ｂから被告への上記遺言に基づく所有権移転登記の抹消登記手続をすることを求めている。さらに、③Ｂの預金の一部を被告が引き出したと主張して、不当利得返還請求権に基づき、７８４万２５３０円及びこれに対する催告の日の翌日（訴状送達の日の翌日）である令和２年２月１３日から支払済みまで平成２９年法律第４４号による改正前の民法所定の年５分の割合による遅延損害金の支払を求めている。

1　前提事実（当事者間に争いのない事実、括弧内に記載した証拠及び弁論の全趣旨により容易に認められる事実）

(1)　原告はBの子であり、被告はBの妹である。

(2)　Bは平成３０年４月８日に死亡した。Bの法定相続人は原告のみである。

(3)　Bは、死亡時、別紙物件目録記載１から３までの各不動産（以下、併せて「本件各不動産」という。）を所有していた。また、●銀行に預金口座を有していた。

(4)　Bは、平成３０年３月３日、当時入院していた●市所在のE病院において、A公証人作成に係る平成３０年第●号遺言公正証書により遺言をした（甲５。以下、同遺言公正証書を「本件遺言公正証書」といい、これによる遺言を「本件遺言」という。）。本件遺言の内容は、別紙記載のとおりであって、要旨、①本件各不動産及び預貯金を含む全ての財産を妹である被告に遺贈する、②被告がBより先に又はBと同時に死亡したときは、その全財産を被告の子であるC及びDに均等の割合で遺贈するというものである。

(5)　本件遺言に基づき、本件各不動産について、別紙登記目録記載の所有権移転登記がされた（甲３の１から３の３まで）。

(6)　被告は、Bの死後である平成３０年６月８日、(3)記載のBの預金口座から７８４万２５３０円を引き出した（甲１２７）。

　２　争点及び争点に対する当事者の主張

　争点は、本件遺言当時、Bに遺言能力がなかったかである。

(1)　原告の主張

　Bは、本件遺言をした当時、アルツハイマー型認知症に罹患し、重度の認知機能障害があった上、見当識障害や短期記憶の欠如、論理的思考の欠如、記銘力の低下などの状態がみられた。また、本件遺言の前日には高熱が出ていたほか、体力が消耗していたことにより意識が朦朧としており、本件遺言のような複雑な事項を具体的に決定し、その法律効果を弁識するのに必要な判断能力は備わっていなかった。

　したがって、Bは、本件遺言をした当時、遺言能力がなかった。

(2)　被告の主張

Bがアルツハイマー型認知症に罹患していたとしても、直ちに遺言能力が否定されることにはならない。Bは、入院した後も、意思疎通を図ることができており、日常の会話にも支障はなかった。また、本件遺言の当日は体調もよく、意識もはっきりしていた。本件遺言は、自らの財産を被告に全部遺贈すること、被告がBより先に又は同時に死亡したときは被告の子らに遺贈することを内容とする単純なものであり、Bは、本件遺言の当時、この内容を具体的に決定しその法律効果を理解するのに必要な遺言能力を有していた。Bは、本件遺言の当日、署名をするに際し、「書けない。」、「代わって書いてくれ。」と明確な意思表示をしており、意識が清明であったことを示している。

第3　当裁判所の判断

　1　前提事実、後掲各証拠及び弁論の全趣旨によれば、以下のとおり認めることができる。

⑴　Bは、平成29年10月17日に自宅内で倒れているところを発見され、細菌性肺炎等によりL病院に入院し、同月20日にM総合病院、同年11月28日にE病院に順次転入院した後、退院することなく、平成30年4月8日に急性心不全により死亡した。

⑵　Bは、L病院に入院した際、頭部CT検査を実施し、認知症性変化があると診断された（甲36（1頁））。

　また、M総合病院への転入院後、平成29年10月24日にHDS−R（改訂長谷川式簡易知能評価スケール）を受検したところ、その結果は30点満点中5点であった（甲55（5頁））。HDS−Rにおいて、20点以下であれば認知症を疑うものとされている（甲119）。

　同月28日、M総合病院において、Bは中等度アルツハイマー型認知症と診断された（甲57（5頁））。一般に、アルツハイマー型認知症の主な病状変化は緩徐進行性の記憶障害（健忘）であり、言語機能、視空間機能、行為・遂行機能障害が進展し、種々の生活機能障害が現れるものであって、やがてセルフケアやコミュニケーション能力を失い、末期には基本的な運動機能も

喪失するとされている（甲120）。

　Bは、E病院への転入院後、同年12月3日にMMSE（Mini-Mental State Examination）を受検したところ、その結果は30点満点中4点であった（甲106）。MMSEにおいて、23点以下であれば認知症を疑うものとされている（甲119）。

　(3)　Bは、平成29年11月28日にE病院に転入院した際に受検した検査の結果、基本的日常生活能力の指数（点数が高いほど自立していることを表す。）は100点満点中15点であり、療養病棟におけるADL区分の評価（点数が高いほど依存度が高いことを表す。）は24点満点中15点であった（甲107、108）。その後、ADL区分の評価は、平成30年2月1日には21点、同年4月1日には24点（満点）と推移した（甲108、114（5頁））。

　また、Bは、E病院への転入院時に暴れ、点滴等の針の抜去のおそれがあったことから、同病院への転入院後は、継続して上肢に抑制具が装着されていた（甲112、114）。

　なお、Bは、介護保険に関する要介護認定・要支援認定の申請をし、平成29年11月8日付けで、要介護状態区分5の認定を受けた（甲117）。

　(4)　Bは、M総合病院、E病院への入院期間を通じて、自分のいる場所や日時を把握できず、見当識障害をうかがわせる発言を繰り返し、その場にいない人間に対して話しかけるなどのせん妄の症状も見られていた。特に、平成30年2月下旬以降、Bは、自分が自宅にいると思い込んだり、看護師を離婚した元妻と勘違いしたりすることが度々あり、看護師等からの声かけに対して開眼や返事をし、聞き取れないような独り言を言うことも多く、この状態は同年3月末頃まで続いた（甲100（3頁）、101（5頁）、102（1頁）、104（2頁）、113（1頁、3頁））。

　また、Bは、同年2月24日に41.4度まで発熱した後、一旦発熱が収まったものの、同年3月2日に37.5度、同月7日に37.8度の発熱があった（甲113の該当頁参照）。

(5)　被告及びCは、平成３０年１月１５日、A公証人に対し、Bの遺言公正証書の作成を依頼した。A公証人は、依頼に基づいて遺言公正証書の案文を作成し、被告やCがこれを了承したことから、同年３月３日、Bが入院していたE病院に赴いた。

　A公証人は、同日、E病院のBの病室において、横臥していたBに名前を確認したところ、Bは「ああ。」と言いながら首を縦に振った。A公証人は、遺言公正証書を作成することをBに伝えた上で、その案文を読み上げ、全ての財産を妹である被告に受け取ってもらう、もし被告が亡くなった時は姪のC及びDに受け取ってもらうということでよいかと尋ねたところ、Bは、うなずきながら「Nに。Nに。」と被告の名を答えた。A公証人が再度その内容でよいか尋ねたところ、Bは再びうなずいた。

　その後、A公証人がBに署名をしてもらう必要があると告げたところ、Bは、当初は書けないと述べたり、被告に代署するよう求めたりしたが、A公証人から自署が必要であるとの説得を受け、自ら署名することを了承した。そして、サインペンを使って、署名の練習をした上で、A公証人の指示に基づき、本件遺言公正証書の原本に署名した。（A公証人に対する書面尋問の結果）

(6)　本件遺言公正証書にはBが自署しているところ、この自署は乱れており、「B」の４文字とも、用紙の罫線からはみ出して署名されている（甲５）。

　２　争点（本件遺言当時、Bに遺言能力がなかったか）について

(1)　前記1(2)のとおり、Bは、本件遺言をする約５か月前である平成２９年１０月の段階で、中等度アルツハイマー型認知症の診断を受けていたことが認められる。同月実施されたHDS－Rの結果は３０点満点中５点であり、本件遺言の約３か月前である同年１２月に実施されたMMSEの結果は３０点満点中４点であって、いずれも認知症判定の評価基準を大幅に下回っており、Bの認知機能障害の程度は相当大きかったものと認められる。

　また、前記1(3)のとおり、Bは、平成２９年１１月にE病院に転入院した時点において、基本的日常生活能力が相当低下しており、その後も低下の一

途をたどっていたことが認められる。加えて、同(4)のとおり、Bは、M総合病院及びE病院での入院期間を通じて、繰り返し、自分のいる場所や日時が把握できないなどの見当識障害をうかがわせる症状や、その場にいない人間に話しかけるなどのせん妄の症状が見られていたほか、特に平成３０年２月下旬以降は、自分が自宅にいると思い込んだり、看護師を元妻と勘違いしたりし、看護師等からの声掛けに応答するものの、聞き取れないような独り言を言うことも多く、本件遺言の当時において、Bには恒常的に記憶障害や見当識障害が生じていたものと認められる。

　一般に、アルツハイマー型認知症は進行性の疾患であり、多くの場合、認知機能障害が不可逆的に進行するとされているところ、本件においてもBの認知機能が改善していることをうかがわせる事情は認められないから、Bの本件遺言の当時における認知機能は、中等度アルツハイマー型認知症と診断された平成２９年１０月時点と比べて、改善されることはなく、更に進行していた可能性が高いと考えられる。

　(2)　本件遺言公正証書の作成時の状況をみると、前記１(5)のとおり、Bは、A公証人から名前を確認されて応答しているものの、遺言書の内容の説明を受け、その内容でよいか尋ねられたのに対し、「Nに。Nに。」と答えるのみで、被告に財産を遺贈することを意図していたかは明らかでなく、被告が先に死亡した場合の財産の処理についても何も述べておらず、Bがいかなる財産を有するかについても確認を受けていなかったのであって、本件遺言の内容やこれにより生ずる法律効果を十分に認識していたかどうかは疑わしい。

　また、前記１(5)のとおり、本件遺言については、その内容を含め、被告及びCが公証人との連絡調整を行っており、本件遺言公正証書の作成時を除き、Bが本件遺言の内容の調整等に関与していたことをうかがわせる事情は認められない。

　(3)　被告は、Bが本件遺言の当日に意識が清明であったと主張するが、前記１(5)のとおり、Bは、数単語程度の言葉を発することにより意思疎通をするにとどまっていたのであるから、どの程度意識がはっきりしていたかは不

明であるし、当時の状況に照らしてＢが本件遺言の内容や法律効果をどの程度認識していたか疑わしいことは前記のとおりである。

⑷　以上の事情に照らすと、Ｂは、本件遺言をした当時、遺言の内容を具体的に決定し、その法律効果を弁識するのに必要な判断能力を備えておらず、遺言能力がなかったものと認められる。

　3　結論

以上によれば、本件遺言は無効であるから、原告は、Ｂの唯一の相続人として、本件不動産を取得することになるとともに、被告がＢの預金口座から引き出した７８４万２５３０円を取得すべきであるということができる。

したがって、原告の請求はいずれも理由がある。

（別紙物件目録及び登記目録は省略）

（別紙）

本件遺言公正証書の条項


第１条　遺言者は、遺言者の有する下記の不動産、預貯金を含む全ての財産を、遺言者の妹であるＮ（昭和１１年４月▲日生）に相続させる。

　　　　〈不動産〉　略

　　　　〈預貯金〉　略

　　2　遺言者は、前記Ｎが遺言者より先に又は遺言者と同時に死亡したときは、前項により前記Ｎに相続させるとした財産を、遺言者の姪であるＣ（昭和３８年１月▲日生（注・前記Ｎの二女））及び同Ｄ（昭和４８年１０月▲日生（注・前記Ｎの三女））に均等の割合で遺贈する。

第２条　遺言者は、本遺言の遺言執行者として、前記Ｃを指定し、本遺言を執行するために、本遺言に基づく不動産に関する登記手続、預貯金等の金融資産の名義変更、解約及び払戻し、その他本遺言の執行に必要な一切の行為をする権限を付与する。また、遺言執行者は、本遺言の執行に関し、第三者にその任務を行わせることができる。

令和2年度司法研究題目及び司法研究員氏名


第71輯　第1号

民事第一審訴訟における判決書に関する研究

〜現在に至るまでの整理と更なる創意工夫に向けて〜

研　究　員

東 京 高 等 裁 判 所 判 事　　村　上　正　敏

東 京 地 方 裁 判 所 判 事　　伊　藤　正　晴

大 阪 地 方 裁 判 所 判 事　　中　尾　　　彰

同　　　　　　　　　　　　　小　河　好　美

横 浜 地 方 裁 判 所 判 事　　西　尾　洋　介

（委嘱時　福岡高等裁判所判事）

最 高 裁 判 所 裁 判 所 調 査 官　　髙　橋　祐　喜

（委嘱時　東京地方裁判所判事）

**民事第一審訴訟における判決書に関する研究**
　～現在に至るまでの整理と更なる創意工夫に向けて～　　　書籍番号　500407

令和4年10月20日　　第1版第1刷発行

編　　集　司　法　研　修　所

発 行 人　門　田　友　昌

発 行 所　一般財団法人　法　曹　会

〒100-0013　東京都千代田区霞が関1-1-1
振替口座　00120－0－15670
電　話　03－3581－2146
http://www.hosokai.or.jp/

落丁・乱丁はお取替えいたします。　　印刷製本／㈱キタジマ

ISBN 978-4-86684-091-8